JN167478

ありがとうの神様

A God in the Magic
Word "Arigato"

小林正観

ダイヤモンド社

はじめに

一応、私が40年間、研究してきた結論を言いますと、どうも、私たちのまわりには、

「神様が存在するらしい」

という結論に至りました。

私は学生時代から「唯物論《ゆいぶつろん》（すべての現象を「物質的」観点から規定していく理論）」なので、現象が「物質的」に現れないかぎり信じません。

私は、宗教とは無縁ですし、いかなる宗教団体に属したこともなければ、「これを信じなければ大変なことになる」とか、「これを信じないと救われない」などと言っ

たこともありません。むやみに神仏を信じたり、すがるようなこともしません。

しかし、私自身、偶然とは考えられない、いくつもの神秘的な出来事に遭遇し、さまざまな現象を何十、何百と見てきた結果、**「この世には、『神様』が存在するらしい」という結論に達しました**。

この本に出合ったあなたは、すでに気がついているかもしれませんが、もう「この不思議な世界」の入口にたどり着いたのです。そして、じつはそれは自分が書いた「あなたの人生のシナリオの中」に、ちゃんと書かれているのです。

ある意思を持った、方程式をコントロールしている知性体は存在します。その知性体を一般的に「神様」と呼びます（「宇宙」と言ってもかまいません）。

そして、神様（宇宙）を味方につけるとは、「宇宙の現象が自分の都合のよい形で起こる」ということです。

●「ありがとう」は神様への感謝の言葉

何度も実証を重ねた結果、客観的な事実として、「ありがとう」という言葉は、すごい力を持っているらしい…ということがわかりました。

「ありがとう」の語源は、「有《あ》り難《がた》し」。神や仏が「あり得ないこと」を起こしてくれたときに、神・仏を賞賛する言葉として、「ありがとう」「有り難し」「有り難い」という言葉が存在したそうです。

室町時代以前は、人に対して使われることがなく、「神・仏をたたえる言葉」でした。

現在の私たちは、人に対して「ありがとう」を使っていますが、下界から「ありがとう」が聞こえてくると、**神様は、その人の「ありがとう」の回数を、自分への賞賛**

として、カチカチと、カウントしているようです。

●「ありがとう」には神様が宿る

あるとき、60代の女性と30代の女性が、講演会場の受付で、私を待ち受けていたことがあります。若い女性は娘さんで、私を見つけるなり、「この人が小林正観さんよ」と母親に紹介しました。すると母親は、私に頭を下げ、こう言ったのです。

「お初にお目にかかります。命を助けていただいて、ありがとうございました」

初対面の方から、「命を助けていただいて…」と言われ、私は一瞬、戸惑いました。

詳しくお話をうかがってみると、『ありがとう』を言い続けたところ、末期ガンが治った」というのです。

ある時期、立ち上がれないほど体が弱ってしまったことがあったそうです。診察を受けるとガンが見つかりました。すでに末期の状態で、医師から「余命宣告」を受けます。

暗澹《あんたん》たる気持ちを抱えながらも、ひとつだけ光明がありました。余命宣告を受ける1週間ほど前に、娘さんから「ありがとうの不思議」について話を聞いていたのです。

「小林正観さんという人から『ありがとうの不思議』について聞いたことがあった。心を込めなくてもいいから、『ありがとう』を2万5000回言うと、なぜか涙が出てくる。涙が出たあとで、再び『ありがとう』を言おうとすると、今度は、心のこもった『ありがとう』の言葉が出てくる。そして、**心のこもった『ありがとう』をあと2万5000回言うと、嬉しく、楽しく、幸せな奇跡が起きはじめるらしい**」

この話を思い出した母親は、「手の打ちようがないなら、奇跡に頼ってみよう」と思い、「1日1000回、100日間、『ありがとう』を言う」ことを決意したのです。

1カ月ほどたって、「ありがとう」を約3万回言ったところで、「自分の足で立ち、歩ける」ようになり、2カ月ほどたって、「ありがとう」を約6万回言ったところで、近所の方から「顔色がよくなりましたね」と言われるようになり、3カ月ほどたって、「ありがとう」が9万回を超えたあたりから、「体重が増えて、顔つきもふっくら」してきた。

さらに10日間、合計10万回の「ありがとう」を言ったあとに病院で検査を受けると、奇跡が起きます。**「ガン細胞が、全身からすべて消えていた」というのです。**

ある講演会では、こんなことがありました。末期ガンと診断された方が会場の前に出て、「私に、ありがとうの声をかけてほしい」と全員に呼びかけました。

会場に集まった200人が、1分間100回、合計「2万回」の「ありがとう」を浴びせたのです。会場は、なんともいえない温かい空気に包まれました。そして3日後の精密検査で、「ガン細胞が消えた」という結果がもたらされたそうです。

すべての人にこの方程式が当てはまるのかはわかりませんが、「ありがとう」という言葉の不思議を証明する、とてもおもしろいエピソードです。

●「不平不満・愚痴・泣き言・悪口・文句」は「ありがとう」を打ち消す言葉

講演会などで、「ありがとう」の話をしていたところ、同じような質問を受けました。

「『ありがとう』を2万5000回言ったのに、涙が出てこない」

私は、その方たちに、同じ質問を返しました。

「2万5000回に到達する前に、不平不満・愚痴・泣き言・悪口・文句を言わなかったですか?」

その方たちの答えは、すべて同じでした。

「不平不満・愚痴・泣き言・悪口・文句を言っていました」

おそらくこの方たちは、「不平不満・愚痴・泣き言・悪口・文句」を言った瞬間に、「チ〜ン」と音がして、「ありがとう」の回数がゼロになってしまったのでしょう。

どうやら「ありがとう」を2万5000回言う前に、「不平不満・愚痴・泣き言・悪口・文句」を言うと、今まで積み重ねてきた「ありがとう」が宇宙の彼方に消えてしまうようです。

ではもし、「不平不満・愚痴・泣き言・悪口・文句」を言ってしまったら、どうすればよいのでしょうか？　そのときは、10秒以内に

「今のは、ナシナシ！　今のは、間違いです！」

と取り消せばよいようです。

その場合にかぎって、「ありがとう」の数はゼロにリセットされず、積算されます。なぜなら、「不平不満・愚痴・泣き言・悪口・文句」を言ったことよりも、言ってしまったことに気がつかないことのほうが、問題だからです。

●神様が好きなベスト3は、「掃除」「笑い」「感謝」

「般若心経《はんにゃしんぎょう》」の最後の部分は「ボウジ　ソワカ」といいます。この「ソワカ」とは「事が成る」「事が成就する」という意味だそうです。

まったくの偶然ですが、「神様が、人間の成す行為の中で、好きなものは何だろう?」と考えていたら、「そわか」の3文字に思い至りました。

・「掃除」の**「そ」**
・「笑い」の**「わ」**
・「感謝」の**「か」**

の3文字です。

人間の行為・行動の中で、神様が好むベスト3が「そわか」。この3つの行為を続けている人間を、神様が応援しているように思えます。

「そわか」の一番目は、「掃除」です。

神様は、どうも「キレイ好き」らしい。「見た目」「心」「身のまわり（とくに、トイレや、台所などの水まわり）」をキレイにしている人を応援してくれます。

あるホテルの経営者の話ですが、そのホテルに泊まったスポーツ選手が、「部屋をキレイにして出て行ったとき」は、好成績を残すのだとか。

反対に、同じ選手が、「部屋をキレイにせずに荒れた状態で出て行ったとき」は、成績がふるわないのだそうです。

「一流選手ほど、部屋がキレイですね」と、その経営者は言っていました。

「そわか」の2番目は、「笑い」です。

「笑い」とは、肯定すること、受け入れること、共鳴、共感すること。ですから、**「笑顔」や「笑い声」は、宇宙や地球が神様のした行為（いろいろな出来事や現象、事件など）を、「肯定的に受け止めた」こと**にほかなりません。

「そわか」の3番目は「感謝」です。

私は、「ありがとう」を言っているだけで、「いろいろな奇跡が起こるようだ」と、さまざまなところで述べてきました。「ありがとう」は、元来、「神様に対しての感謝の言葉」です。したがって、「ありがとう」を言われ続けたら、神様もその人に好意的になるでしょう。

「ありがとう」だけでも神様を味方につけることができ、支援・応援をいただけるのですが、それに加えて「掃除」と「笑い」（現象に対する肯定）が加わることで、神様が強い味方になってくれるようです。

この「そわかの実践」には、すばらしい共通項が「2つ」あることをつけ加えておきます。ひとつは、「いつでも、ひとりでできる」こと。場所と時を選びません。仲間がいなくても、「実践」できます。

もうひとつは、お金がかからないこと。掃除も笑いも感謝も、お金がかかりません。無料です。ですから、今すぐに「実践」してみること。

掃除も、自分の体を使ってすることが「実践」。笑うことも、心の中で思っただけではなくて、顔に出して表現することが「実践」。感謝も、「ありがとう」と声に出して言うことが「実践」です。

「『運《うん》』は動より生ず」。これを「運動」と呼びました。「実践」が「結果」を生じます。実践すれば必ず、「運《うん》」がやってきて、楽しくおもしろい現象が生まれると思います。

●「頼まれごと」を断らずにやっていくと、自分の「使命」に気づく日がくる

人生の「悩み」や「苦しさ」を感じている人は、「思い」を捨てればいい。そして、自分の人生を思いどおりにするのではなく、**「思いどおりにされる（よき仲間の頼まれごとをして「ありがとう」を言われる喜ばれる存在になる）」ととらえるようにすると、神様が味方をしてくれるようです。**

生きることも、老いることも、病むことも、死ぬことも、自分の思いどおりになるわけではありません。

愛する人と別れることも、嫌いな人と顔を合わせることも、寒い・暑いという感覚も、自分の意思ではコントロールできません。

なにごとも「思いどおりにならない」ことがわかって、「思いどおりにならなくていい」「思いを持たなければいい」と気づいた瞬間から、人生はラクになります。

もちろん、夢を持ってもいい。希望を持ってもいい。

ですが、夢や希望というものは、「どうしても叶えたい」というより、「叶わなくても、それはそれでいい」と思うほうが、楽しい人生を味わえます。

「何かをしたい」という思いを持たない。私たちがすべきことは「いかに喜ばれる存在になるか」ということだけです。頼まれごとを淡々とこなし、こき使われながら死んでいけばいいのです。

私自身はもう、ずっと以前から「夢も希望もない暮らし」をしています。

年間３００回以上の講演会、合宿、取材旅行……。自宅に帰るのは、年に10日程度。1日の睡眠時間は、４、５時間です。

決して、働くのが好きなわけではありません。私が自分から望んで講演会を開催しているわけではなく、すべて「頼まれごと」です。

頼まれごとは、スケジュールが許すかぎり断りませんから、すべての依頼を受けていたら、年間３００回以上になってしまったのです。

では、嫌々ながらやっているのか、と聞かれれば、「そうでない」と答えます。好きか嫌いか、という判断基準のほかに、「人に喜ばれることを選ぶ」という選択肢があります。**頼まれごとを「はい、わかりました」と言ってやり続けていけば、「喜ばれる存在」になれるでしょう。**

頼まれごとを断らずにやっていくと、だんだん、「同じようなこと（同じような内容）」を頼まれていることに気がつきます。そして、2、3年たったとき、

「私はこれをやるために生まれてきたのではないか。ある方向に自分が動かされているのではないか」

と、自分の「使命」に気づく日が訪れる。これを「立命《りつめい》の日」といいます。

人間の生きる目的は、頑張ることでも、努力することでも、何かを成し遂げることでもなく、「喜ばれる存在になる」＝「頼まれごとをする」ことです。

自分の「使命」がわかったら、あとはそれをやって、疲労困憊《こんぱい》して死ねばよいだけです。

「あれがしたい、これがしたい」という自我《じが》を持たず、他人からの「頼まれごと」を淡々とこなしていく。その結果として、あなたは「喜ばれる存在」になるのです。

●私が、長女から教わったこと

私には、知的障害を抱えた長女がいます。彼女は、普通の子どもよりも筋力が足りないため、速く走ることができません。運動会の徒競走では、いつも「ビリ」です。

彼女が小学校6年生のとき、運動会の前に足を捻挫してしまった友だちがいました。

長女はこの友だちと一緒に走ることになっていたため、私の妻はこう思ったそうです。

「友だちには悪いけれど、はじめて、ビリじゃないかもしれない…」

運動会を終え、妻はニコニコしながら帰ってきました。私は、「ビリじゃなかったんだ」と思ったのですが、「今回も、やっぱりビリだった」というのです。

今回もビリだったのに、どうして妻は、いつも以上にニコニコ嬉しそうにしていたのでしょうか。

徒競走がはじまると、長女は、足を捻挫した友だちのことを何度も振り返り、気にかけながら走ったそうです。自分のこと以上に、友だちが無事にゴールできるか、心配だったのでしょう。

友だちは足をかばうあまり、転んでしまいました。すると長女は走るのをやめ、友だちのもとに駆け寄り、手を引き、起き上がらせ、2人で一緒に走り出したそうです。
2人の姿を見て、生徒も、父兄も、先生も、大きな声援を送りました。

そして、ゴールの前まできたとき、娘は、その子の背中をポンと押して、その子を先にゴールさせた…というのです。

この話を聞いたとき、私は気がつきました。**人生の目的は、競い合ったり、比べ合ったり、争ったりすることでも、頑張ったり努力をしたりして「1位になる」ことでもない。**人生の目的は、「喜ばれる存在になること」である。

私はそのことを長女から教わりました。そして長女は、そのことを教えてくれるために、私たち夫婦の子どもになったのだと思います。

●すべてを受け入れて（感謝して）幸せに生きる、1%の人々

100％の人が、学校教育や社会の中で、「闘うこと、抜きんでること、人と争うこと、比べること」を教わります。そして、99％の人が、「闘うこと、抜きんでること、人と争うこと、比べること」を体現しながら、生きています。

しかし、99％の人が歩んでいる路線とは「違う価値観」で生きている人が、1％ほどいます。

その1％の人たちは、大病をした、大事故に遭った、災難・トラブルに巻き込まれた、寝たきりの親の介護を何年も続けた……など、普通の人が、一般的に「苦労」「大変なこと」といわれる出来事に身を置いたことのある人たちです。

この人たちは、「普通に生活できることが、どれほど幸せか」を知っています。

普通に歩けること、普通に食べられること、普通に話ができること……、すべてに感謝をして、「ありがとうございます」と手を合わせることができるのです。

1%の人たちは、何かを手に入れなくても、幸せを感じることができます。99%の人たちと同じように、「持っていないものを挙げ連ねて、それを手に入れることで幸せになれる」と教えられたにもかかわらず、**「つらい経験」をしたことで、「今のままでも幸せである」「自分も相手も、今のままで100点である」ことに気づいたのです。**

「ほしいものを50個書いてみてください」と言うと、「別荘がほしい、結婚相手がほしい、クルマがほしい、子どもがほしい……」など、50個書ける人がいます。
「では、同じ数だけ、すでに手に入れているものを書いてください」
と言うと、50個書くことはできません。足りないもの、持っていないもの、手に入れたいものだけを見つめているからです。

「成績を上げるために、もっと勉強をしなければいけない」「今以上の成果を出すために、もっと働かなければいけない」と教えられてきた結果、99%の人は、上昇志向や向上心に常に追い立てられ、安らぎを感じることができません。常に枯《こ》渇《かつ》感《かん》にさいなまれています。「夢が叶っていないのは、自分の頑張りが足りないからだ」と考え、いつも「足りないもの」を探しています。

しかし、1%の人たちは、自分がすでに、どれだけたくさんのものを手に入れているか、どんなに自分が恵まれているかを知っています。だから、「手に入れているものを書いてください」と言うと、いくつでも書くことができるのです。

この1%の人たちは、じつは、「夢も希望もない暮らし」をしています。私たちが受けてきた学校教育では、夢や希望を持ち、「幸せとは、努力や頑張りの先で手に入れるものだ」と教えられてきました。

けれど、「自分にはあれが足りない、これがほしい。まだまだ、もっともっと」と言い続けるかぎり、いつまでも満たされることはありません。

1%の人は、「今の瞬間」から幸せを感じることができます。すでに、満たされている。だから、夢も希望も持つ必要がありません。

幸せは、頑張った結果として手に入るものではありません。**「必要なものは、すでに、すべていただいている」ことに気がつき、そのことに「ありがとう」と感謝できれば、神様が味方をし、夢も希望も持たなくても、幸せを感じることができるのです。**

●ヒトは、人の間で生きて「人間《にんげん》」になる

では、どうすれば「人から喜ばれる存在」になれると思いますか？

「頼まれごと」を引き受ければいい。自分で汗をかいて、「相手の要望」に応える。そして、相手から「あの人は、頼んだことを気持ちよくやってくれるから、また頼もう」「あの人に頼んでよかった、ありがとう」と思ってもらえたとしたら、それはまぎれもなく「喜ばれている」ということです。

私たちの人生は、自分で立てた「努力目標」や「達成目標」をクリアするためにあ

るのではありません。「人から何かを頼まれて、それをこなしていく」ことが、人生のすべてであるようです。

「人」という字は、人と人がもたれ合っている形からつくられたもので、「お互いが支え合っている」という意味を持ちます（字の成り立ちには諸説ありますが、私はこの説を支持しています）。

ヒトはひとりで生きているときは、生物学的な「ヒト」。**「人《ひと》」の「間《あいだ》」に生きるようになって、はじめて「人間《にんげん》」といいます**。ですから「人」から頼まれごとがない人は「人間」としての生き方の醍醐味を知らないことになります。

●よき仲間を得ることは、聖なる道のすべてである

お釈迦《しゃか》さまが最後の旅に出たとき、同行していたのは、弟子のアーナンダ（お釈迦さまの十大弟子のひとり。お釈迦さまの従兄弟）です。お釈迦さまはアーナンダをか

わいがり、よく「説法《せっぽう》の旅」に連れていきました。

そんな旅の途中で、アーナンダはこんな質問をします。

「お釈迦さま、歩きながらふと思ったのですが、よき仲間を得ることは聖なる道の半《なか》ばまで来たと思って、いいのではないでしょうか？」

「聖なる道」とは、心に曇りや苦しみがなく、明るく穏やかに生きていけることです。

アーナンダの問いかけに、お釈迦さまは答えました。

「アーナンダよ、よき仲間を得ることは、聖なる道の半ばではない。聖なる道のすべてである。よき仲間を得ることとは、闇の中で迷ったときに、手を引いてくれる友人がいる。闇を照らしてくれる灯火《ともしび》になる。それをよき仲間という」

「よき仲間を得ることによって、人は老いる身でありながら老いを恐れずにすみ、病むこともある身でありながら病むことを恐れずにすむ。必ず死すべき身でありながら、死の恐れから逃れることができる。よき仲間を持つことは、幸せに生きることの絶対条件なのだ」

「頼まれごと」をして「よき仲間」を手に入れることは、「聖なる道（人生の正しい生き方）のすべて」を手に入れることである。２５００年前に、そのことに気づいていた人がいたのです。

●人生の目的とは？

私は、このように、40年ほど、宇宙のしくみ、構造などに興味を持ち、研究を続けてきましたが、その結果、わかったことがあります。幸せというものは…、

「今、足りないものを探して、手に入れること」ではなくて、「自分がすでにいただ

いているものに感謝し、自分が恵まれていることに気がつき、嬉しい、楽しい、幸せ…、と生きていること」なのです。そして、そのために実践することは…、

「思いを持たず」、よき仲間からの「頼まれごと」をただやって、どんな問題が起こっても、すべてに「ありがとう」と感謝する（受け入れる）こと。

「そ・わ・かの法則（掃除・笑い・感謝）」を生活の中で実践することであり、「ありがとう」を口に出して言い、逆に、「不平不満、愚痴、泣き言、悪口、文句」を言わないこと。

すると、神様が味方をしてくれて、すべての問題も出来事も、幸せに感じて「よき仲間に囲まれる」ことになり、「喜ばれる存在」になる。

これこそが「人生の目的」であり、「幸せの本質」なのです。

小林《こばやし》　正観《せいかん》

ありがとうの神様　目次

A God in the Magic Word "Arigato"

第1章

否定しない、怒らない、イライラしない

A God in the Magic Word "Arigato"

第2章

喜ばれる存在になる

A God in the Magic Word “Arigato”

第3章

「お金」に好かれる習慣

A God in the Magic Word "Arigato"

第4章
「子ども」が輝く子育て

A God in the Magic Word “Arigato”

第5章

「病気」は身体からのメッセージ

A God in the Magic Word "Arigato"

第6章

「ありがとう」の奇跡

A God in the Magic Word "Arigato"

第7章 人間関係が楽しくなる

A God in the Magic Word "Arigato"

Contents

第8章

すべてを受け入れる

A God in the Magic Word "Arigato"

第9章 「神様」を味方にする

A God in the Magic Word "Arigato"

●カバーデザイン／重原 隆
●本文デザイン・DTP／斎藤 充（クロロス）
●編集協力／藤吉 豊（クロロス）
●編集担当／飯沼 一洋（ダイヤモンド社）

第1章

A God in the Magic Word "Arigato"

否定しない、怒らない、イライラしない

001

争いごとがなくならないのは、「い・ど・お」の心を捨てられないから

「自分は間違っていない」とか、「自分は正義である」とか、「相手が間違っている」と思ったとき、人は、威張ったり、怒鳴ったり、怒ったりします（「威張る、怒鳴る、怒る」の3つを、私は「い・ど・お」と呼んでいます）。

多くの人は、「人間は、正義感や使命感を持つべきである」と考えていますが、私はそうは思いません。むしろ、その逆。人間の心の中から、正義感や使命感がなくなったとしたら、どれほど平和な日々が待ち受けているかわかりません。

ある人は言いました。

「この世のすべての人が『自分は間違っている』と思ったら、戦争は起きないだろう。この世のすべての人が『自分は正しい』と思ったら、争い事ばかりだ。戦争はなくならないだろう」

私も、そう思います。「自分は正しい」と思っていれば、必ずそこに、怒りや憎しみや、攻撃の心が湧いてきます。一方で、「自分は間違っているかもしれない」と思っていれば、怒りや憎しみや攻撃的な心は湧いてきません。そう考えると、怒りや憎しみの源泉は、正義感や使命感に立脚している可能性が高い。

もし、人間の心の中から正義感がなくなれば、「なぜ、そういうことをするのだ」と、他人を指さして糾弾することはなくなるでしょう。そして、人間の心の中から使命感がなくなれば、「なぜ、そういうふうにしないのか」と、「しないこと」をなじることもなくなるでしょう。

自分が自分を律するために、正義感や使命感を持つのはかまわないと思います。

しかし、自分に対する律し方を他人にも押しつける必要はない。それをするから、相手の心の中に、憎しみや怒りが湧いてくるのです。

そもそも、「正義」や「使命」は「神の領域」にあると思います。**しかし、「感」という漢字が付いて「正義感」「使命感」になったとき、相手を憎しみ、恨み、怒り、軽蔑するような「人間の心の動き」につながっていくのです。**

正義や使命を持つのも、正義や使命を感じるのもよい。ですが、それを他人に対して振り回してしまうと、まわりはとてもつらい状態になり、心地の悪い思いをします。「感」を振り回すと、まわりの人を傷つけます。「感（カン）は、振り回さずにゴミ箱へ」。これは、私がいつも笑いながら言っている言葉です。

私たちは、自分の怒りや憎しみは「正当である」と思い、相手の怒りや憎しみは「間違っている」と思いがちです。しかし、自分が間違っていると思いながら争いを起こす人は、世の中にはいません。「私は全部正しい」と思う心が争いを引き起こしているのです。

どんなときでも、怒らないこと。どんなときでも、相手を憎まないこと。「もしかしたら、私が間違っているのではないだろうか」と思い続けることが、「謙虚」ということではないでしょうか。

謙虚さとは、自分がどう生きるかを、自分に課して生きていくことです。自分の価値観を他人に押しつけたときに、まわりのものが見えなくなる気がします。

002

すべてが、あなたにちょうどいい

お釈迦《しゃか》さまの言葉に、次のようなものがあります。

すべてが、あなたにちょうどいい。
今のあなたに、今の夫がちょうどいい。
今のあなたに、今の妻がちょうどいい。
今のあなたに、今の親がちょうどいい。
今のあなたに、今の子どもがちょうどいい。
今のあなたに、今の兄弟がちょうどいい。
今のあなたに、今の友人がちょうどいい。
今のあなたに、今の仕事がちょうどいい。
死ぬ日も、あなたにちょうどいい。
すべてが、あなたにちょうどいい。

ビジネスマンの中には、会社や上司、取引先の「悪口」を言う人がいます。

「上司はこうで、取引先はこうで、どうしようもない。どうしたら、自分の思いどおりになるのか」

このような質問を受けたとき、私は、次のような話をします。

「あなたの言っていることは、きっと間違っていないのでしょう。ですが、あなたはその会社からお給料をもらい、その集団の中で生かされているわけです。自分の人生を成り立たせてくれる会社、上司、取引先に対して平気で悪口や愚痴を言えるあなたは、どうしようもない会社、上司、取引先と同じレベルの『どうしようもない社員』なのではないでしょうか？」

会社や、上司や、取引先が、仮に批判されてもしかたがない状況だったとしても、彼らを批判している「私」も、「同じレベル」であるような気がします。

夫婦関係や親子関係でも、「うちの夫（妻）は、こんなにつまらない人で……」「うちの親（子ども）は、本当にどうしようもなくて……」と文句や愚痴を言う人がいます。

しかし、愚痴を言うということは、「自分の価値をさらけ出している」ことと同じです。「どうしようもない親、子、夫、妻」を持つにふさわしい、「ちょうどいいあなた」がいるのですから。

人の悪口を言わない人には、「悪口を言わないあなた」にちょうどいい「悪口を言わない仲間」が集まってきます。

「嬉しい、楽しい、幸せ、愛している、大好き、ありがとう、ツイてる」と言い続けていると、「嬉しい、楽しい、幸せ、愛している、大好き、ありがとう、ツイてる」仲間が集まってきます。

人の悪口ばかり言っている人には、「悪口を言うあなた」にちょうどいい「悪口を言う仲間」が集まってきます。

すべてが、あなたにちょうどいいのです。

003

自分と他人を「許す」ことができると、痛みがなくなるらしい

「自分は病気だからつらい」と思っている人は、「つらい」と言っていること自体が、病気を生んでいる可能性があります。

神経痛も、腰痛も、痛風も、リュウマチも、神経が痛むときは、2つの条件が重なっていると考えることができます。「神経がピーンと張っていること」と、「神経をビーンと響かせる外的な状況」があることです。

外的な状況とは、たとえば、風が吹いたり、気温が変化したり、自分が聞きたくないひと言を聞いたとき、などです。「バカ」と言われたときに、「そうじゃない」と思うことによって、張り詰めた神経を響かせてしまうことがあるかもしれません。

風も天気も、他人からどんな言葉を投げかけられるかも、自分ではどうにもできません。しかし、張っている神経を緩ませることはできます。神経を緩ませることができれば、外側からビンビン弾かれても、響きません。だから、痛くない。

「怒ると、痛いらしい」「笑うと、痛くないらしい」という因果関係がわかれば、損得勘定として、怒らなくなるし、笑うようになるでしょう。

70代の男性から、「医者にかかっても、神経痛がよくならない」という相談をいただいたことがあります。

私が「神経を緩ませてください」と言うと、はじめは「はぁ？」と不思議がられたのですが、その後、数十秒後に、その方は、こう言いました。「痛くなくなりました」。どうして、神経を緩ませると、痛みがなくなるのでしょうか。

じつは、**「許す」の語源は「緩《ゆる》ます」であり、神経を緩ませていない人は、人を「許せない」人であり、だから、痛いらしい**。「あなたがやっていることは、他人に迷惑をかけていますよ」と、チクチクと空から痛みがやってくるのです。

緩ますことは、すなわち、「許す」ことです。自分に対して厳しい人は、体が「あなたの厳しさには耐えられません」と悲鳴をあげて痛みが起こっているようです。

また、自分に厳しい人は、他人にも同じレベルで厳しい。「自分にはとても厳しくて、他人には甘い」という人は少ないと思います。

人に寛容になるための方法は、自分を許すことです。したがって、

「いいかげんな人」

「自分で自分に甘い人」

「適当な人」になればいい。


「いいかげん」というのは、「よい加減《かげん》」のこと。「いいかげんで適当な人になる」ということは、「よい加減で自分の能力に見合った自分の生き方をする」という意味です。

自分で自分を許すことができたら、他人を許すことができる。

他人を許すことができたら、緩ますことができる。

緩ますことができたら、神経の痛みがなくなるらしい。


日本人は、体験的に「許す」と「緩ます」が同じ語源であることを知っていたのでしょう。神経がピーンと張っているときは、心も体も痛くなりやすいことを昔から知っている民族だったのです。

004

「不平不満・愚痴・泣き言・悪口・文句」を言い続けると、そのとおりの人生になる

私は講演会などで、たびたび「五戒《ごかい》」について話をします。「五戒」とは……、「不平不満・愚痴・泣き言・悪口・文句」の5つです。「不平不満・愚痴・泣き言・悪口・文句」を口にしないように戒《いまし》めようというのが、私の唱える「五戒」です。

何があっても、「五戒」を言わずに、口から出る言葉がすべて優しく、周囲の人を元気づけるものであれば、神様や宇宙を味方につけることができます。

たとえば、信号を渡ろうとして横断歩道にさしかかったとき、ちょうど信号が青に変わる。買い物をしてお金を支払うとき、小銭入れの1円玉の数がピッタリだった。といったことがいつも起きる。言い換えれば、「ツキを味方にできる」ようになります。

一方で、いつも「五戒」を口にしていると、神様や宇宙を敵にまわしてしまいます。なにげなく天気の不満を口に出している間は、否定的な論評をする癖がついたままです。どんなに一所懸命生きているつもりでも、神様や宇宙は味方になってくれません。

人間は、「自分の発した言葉」で自分の人生をつくっています。「私」の周囲の環境や、自分が立たされた状況は、すべて「自分の発した言葉」によって形成されていきます。

ですから、朝から晩まで、「嬉しい、楽しい、幸せ、愛している、大好き、ありがとう、ツイてる」と言い続けると、この言葉をまた言いたくなる現象や出来事に囲まれます（私は、「嬉しい、楽しい、幸せ、愛している、大好き、ありがとう、ツイてる」の7つの言葉を、七福神ならぬ「祝福神《しゅくふくじん》」と呼んでいます）。

反対に、「五戒」を口にしていると、「ツイていない人生」を送ることになります。

以前、午前2時くらいに、私に電話をしてきた方がいます。この人は、次のようなことを言いました。

「不平不満・愚痴・泣き言・悪口・文句を言わないでいたのですが、4カ月たっても、思いどおりの人生を送れない」

私は、電話口で、こう答えました。

「そういうのを、不平不満と言うのではありませんか？」

宇宙が自分の味方をしてくれない、自分の思いどおりの人生にならないと、嘆く人がいます。ですが、よく考えてみると、「電車に乗った」「電話をかけた」「お茶を飲んだ」「食事をした」といった日常の行動は、すべて自分の意思でそうしたものです。だとしたら、多くのことが「思いどおりになっている」ではありませんか。

また、こんな話もあります。東京に住む70代の女性が、50年間、ことあるごとに同じセリフを言い続けてきたそうです。

「20歳のときに会社を興してもダメで、40歳のときにボランティアグループをつくろうとしたときも人が集まらなかった。何かイベントをしようとしても、全部ダメだった。私の人生は、何をするにせよ、思いどおりにならなかった」

この女性は、「私の人生は思いどおりにならなかった」と思い違いをしています。「全部、思いどおりになっていた。全部、言ったとおりになっていた」ことに気がついていません。自分の発した言葉が、人生をつくります。**「思いどおりにならない」と言い続けたからこそ、たしかに「思いどおりにならない人生」を送ることになったわけです。**

005

「怒り」には毒素が含まれているので、怒れば怒るほど、自分を傷つけてしまう

ハブが噛みつくときは、「怒っているとき」と「エサにしようと思っているとき」です。約4億6000万年前、は虫類とほ乳類は、同じ脊椎動物から分かれたといいます。「分かれた」ということは、ハブと人間には、ほぼ同じ機能があった、と考えることができます。

ハブは、自分の身を守り、エサを捕るための道具として、「自分の体内に毒をつくる」という機能を進化させてきました。では、人間にも、体内に毒をつくる機能があったのでしょうか？　こういう実験があります。

一升瓶《いっしょうびん》に普通の心理状態で息を吹き込み、そこにハエを入れると、「40分」くらいで「窒息死」します。

ところが、**怒ったり、腹を立てた状態で怒気を吹き込むと、瓶の中のハエは、「3分」ほどで「毒死」すると聞きました**。

私たちが怒ったときにはき出す呼気の中には、じつは「毒素」が含まれているという説があります。ただし、その毒物はタンパク質を溶かす働きを持っているため、相手だけでなく、「自分の五臓六腑《ごぞうろっぷ》」まで傷つけてしまうというのです。

だから、「怒らないほうがいい」と私は考えています。人格論や精神論の話ではなく、怒れば怒るほど、自分で自分の体を痛めて、損をするからです。

私は、「正しい生きかたをしよう」とか、「立派な人になりましょう」といった話は好きではないし、他人にそういうことを説くことはしないようにしています。他人がどういう生き方をしようと、私にはあまり関係ないと考えています。

誤解を恐れずに言えば、私の価値基準は「損得勘定」です。私はもう、長い間ずっと腹を立てていません。「人格者」を目指しているからではなくて、「自分にとって得なことはやるけれども、損なことはやらない」という、それだけです。

「損得勘定」がわかってくると、声を荒げたりイライラしなくなります。**声を荒げイライラした結果、誰がいちばん損をするかというと、その言葉を発した「本人」です。**

私たちは体調が悪いとき、愚痴や泣き言をこぼしがちです。

本人は、「体調が悪いから、愚痴をこぼしている」と思っていますが、じつは、「逆」だとも考えられます。「不平不満、愚痴、泣き言、悪口、文句」という否定的な感情が肉体を蝕《むしば》んでいるのかもしれません。

私と親しいある外科医の話ですが、患者の家庭環境を分析した結果、「怒鳴りあっている環境」で生活している人と、「穏やかな言葉が飛び交う家庭」で生活している人とでは、明らかに「前者のほうが病気になる確率が高い」ことがわかったそうです。

たとえば、狭い道に駐車しているクルマの横を通らなくてはいけないとき、「なんでこんなところに止めているんだ！」と怒っている人がいます。クルマの持ち主は、どこかでコーヒーでも飲んで、楽しい時間を過ごしているかもしれません。それなのに、「なんでこんなところに止めているんだ！」と怒った人のほうが、結果的に内臓を痛めてしまうなんて、こんなに損な話はありません。

したがって、「腹を立てないほうが、損得勘定としては利口だ」ということがわかるのです。

006

「人間は、たいしたものではない」と思い知れば、イライラは1秒で消える

湖にボートを浮かべて、湖岸から向こうの岸に渡るとします。そして、ボートをギコギコ漕いでいると、進路を妨害するボートが目の前に現れました。このまま行ったらぶつかりそうです。「ずいぶん、ひどいことをするなあ」と思ってパッと見たら、そのボートには人が乗っていません。

人が乗っていないボートに対して、怒鳴ることはしないでしょう。迂回をするなり、そのボートをやりすごすなりして対岸に渡ります。

しかし、**同じ状況でありながら、「人が乗っている」ことがわかると、怒鳴るのではないでしょうか**。無人のボートだとやりすごすことができるのに、人が乗っていると、怒りたくなってしまいます。

「なぜ、そんな怖いことをするんだ！　危ないじゃないか！」

太陽が昇ることにも、月が沈むことにも、私たちは文句を言いません。

でも、「人がしたこと」に対しては、寛容になれないときがあります。「社長や上司が、私にひどいことを言った」「子どもが言うことを聞かない」と怒ってしまうのです。

人間には、「感情的になる」「腹を立てる」「怒る」「妬《ねた》む」「憎む」という「エモーショナル」な部分があって、「人間が何かことを成している。そして、私に悪意的に働きかけてきた」と思ったときに、怒鳴りたくなるわけです。

「エモーショナル（感情的になる）」を克服するひとつの方法が、「人間はたいしたものではない」と思い知ることです。

もともと人間は、たいしたものではありません。「たいしたものである」という実態が存在しているわけではない。自分が肩に力を入れて、勘違いして、虚像をつくり出しているだけです。「その虚像は幻で、『人間はたいしたものではない』」と思い知った瞬間に、エモーショナルは、1秒でなくなります。

詳しい説明は省きますが、人間の体は分子によって構成されています、分子を構成するものは原子で、原子を構成するものは原子核と電子です。この原子核と電子の間には、スカスカの空間しかないそうです。

私は、クルマの鍵穴を探すためのライトを持っています。これは、水銀電池1・5ボルト1個のライトですが、この弱々しい光を指先にピタリとくっつけて当てると、ぎっしり詰まっているように思っている人間の体を、赤く透かします。

どれほど偉そうに振る舞っている人でも、その人の体を構成しているのは、「量子《りょうし》力学《りきがく》」的に見れば、99・9999……％（9が23個続きます）、空間。スカスカで何にもないに等しい存在とのことです。

そんな、スカスカな人間が、「海から太陽が昇った」「月が海に沈んだ」「目の前で誰かが何かを言った」と一喜一憂《いっきいちゆう》し、「それが気に入らない」「なぜ、お前は俺の言うことを聞かないんだ」と文句を言うのは、申し訳ないのですが、ちゃんちゃらおかしい。

もともと人間はたいしたものではありません。そのように思うことができたら、じつは自分がラクになる。他人のためではなく、自分がいちばん得をするのです。

007

人間の心のレベルが上がるときに、「不幸という名の試験」がやってくる

一見、理不尽で不幸な現象が起きたときに、そのことについて、「不平不満、愚痴、泣き言、悪口、文句」を言うか、言わないかが問われています。

「嫌いな人や現象というものはない。決めているのは全部自分だ」ということに気がついて、何があっても一喜《いっき》一憂《いちゆう》しない。そして、**どんなことがあっても、ニコニコできる人格者になると、人格者になったがゆえに問われる「お試しの現象」が起きます。**

それを笑顔で乗り越えると、人格上の「中学校卒業レベル」です。そして、その何年か後に、今度はそれよりももっと大きな「高校卒業試験レベル」の〝不幸〟と呼ばれる現象が起きます。

人間の心には、９つのレベルが存在します。

①一般的に多くの人が嬉しい、楽しいと思う現象について、「喜ぶ」ことができる
②一般的に多くの人が嬉しい、楽しいと思う現象について、「幸せ」を感じる
③一般的に多くの人が嬉しい、楽しいと思う現象について、「感謝」ができる

ここまでは「初級」です。

④一般的に多くの人が当たり前と思うことについて、「喜ぶ」ことができる
⑤一般的に多くの人が当たり前と思うことについて、「幸せ」を感じる
⑥一般的に多くの人が当たり前と思うことについて、「感謝」できる

ここまでが「中級」です。

⑦一般的に多くの人が不幸と思うことについて、「喜ぶ」ことができる
⑧一般的に多くの人が不幸と思うことについて、「幸せ」を感じる
⑨一般的に多くの人が不幸と思うことについて、「感謝」ができる

これが「上級」です。
このように、初級、中級、上級の各段階の中に、さらにそれぞれ3つの段階が存在

します。そして、レベルが上がるときに、「お試しの現象（事件）」が起こるようになっているようです。

給料が払われない、配偶者や子どもが言うことを聞かない、自分の体調も悪い、睡眠も足りていない、というような、100人中99人がイライラしてしまうようなときに、ニコニコしていられるかどうかが、問われています。「この状態でもニコニコできますか？」と、宇宙が現象を降らせてくるらしい。何度かそのような試験を経て、大学卒業レベルの試験に「合格」すると、もう来ません。

もし人生の中で、普通であれば「不平不満、愚痴、泣き言、悪口、文句」を言ってしまうような出来事が起こったら、「来た！」と思ってください。**「ついに私も、試験を受けるところまで、人格の修練を積んできたのだな」と**……。

その試験に「合格」すると、自分にとって楽しい出来事が起きはじめるようになっているようです。

第2章

A God in the Magic Word "Arigato"

喜ばれる存在になる

008

「1：自己保存の本能」と「2：種の保存の本能」のほかに、「3：喜ばれると嬉しいという本能」が「ヒト」には、与えられている二足歩行する霊長類《れいちょうるい》は、「ゴリラ」「オランウータン」「マントヒヒ」「チンパンジー」「サル」、そして「ヒト」に大別できます。これら霊長類の「目」を見てみると、「ヒト」の目にだけ、ある特徴が見て取れます。それは、「白目」を持っていること。「ヒト」以外の霊長類には「黒目」しかなく、「白目」が見当たりません。

他の霊長類に「白目がない」（＝黒目しかない）のは、天敵に「目の動き」を悟られないため（天敵に襲われないため）らしい。「白目」がなければ、「右を向いているのか、左を向いているのか」「上を向いているのか、下を向いているのか」がわかりにくくなるので、天敵に隙を与えることがありません。

ところが「ヒト」には天敵がいないので、「右側を見ていると、左側から鷹に襲われる」といったことはないでしょう。目の動きを悟られたとしても天敵の急襲を受ける心配がないのです。

「白目」があるのは天敵がいない証であり、霊長類の中で、唯一「ヒト」にだけ与えられた特徴らしい。

「白目」のほかにも、神様が「ヒト」にだけ与えたものがあります。それは、「喜ばれると嬉しいという本能」です。

すべての動物は神様から、「①自己保存の本能（体を維持する行動をとる本能）」と、「②種の保存の本能（子孫を残す本能）」の2つの本能を与えられています。

カタカナで書く「ヒト」も動物の一員ですので、他の動物と同じように、「自己保存」と「種の保存」の2つの本能をいただいています。

けれど「ヒト」にはもうひとつ、他の動物には与えられていない「3つ目の本能」が組み込まれています。それが「③喜ばれると嬉しいという本能」です。

神様は、神と動物の間に「人間」をつくろうとして、「ヒト」に「喜ばれると嬉しいという本能」を与えたらしい。「ヒト」と「人間」は違う存在であり、「喜ばれると嬉しい」という本能に目覚めた「ヒト」だけが「人間」になります。

・ヒトは、1人で生きていると「ヒト」
・ヒトは、人の間で生きていると「人間」
・「他人と競い、自分が勝ち上がると嬉しい」のが「ヒト」
・「仲間が喜んでくれると、自分も嬉しい」のが「人間」

「喜ばれると嬉しいという本能」は「ヒト」にだけ与えられているものですが、この本能を目覚めさせるには、「本で読んだり、耳で聞いたり、誰かに教えられたり」しなければならないらしい。「ヒト」として1人だけで利己的に生きている間は、「3つ目の本能」は目覚めません。ですが、この本を読み「3つ目の本能」を知ったみなさんは、この瞬間にスイッチが入って、「人間」に変わるのです。

そして今日、「誰かに喜ばれる」ことをしたならば、その人の喜びが、「自分にも喜びをもたらす」ということに気がつくでしょう。

009

神様は「喜ばれると嬉しいというエネルギー」だけの存在

イチロー選手や松井秀喜《ひでき》選手は、「メジャーリーグ」でも活躍していますが、この2人は間違いなく「ヒト」ではなく、格の高い「人間」です。
彼らのプレーは「喜ばれると嬉しいという本能」に基づいているように思います。

ファンの声援に応えることが自分の喜びであり、もしも、スタジアムに観客が1人もいない「無観客試合」であったり、誰からも見向きもされなかったなら、あれほどの高いパフォーマンスを維持することはできないかもしれません。

松井秀喜選手は、自身の著書『不動心』（新潮社）の中で、「僕のプレーをテレビや球場で見た人が、もし、『よし、オレも頑張ろう』と思ってくれたら、野球を職業とする者として、これほど幸せなことはありません」と語っています。彼は野球を通じて「人を喜ばせたい」と見据えているのだと思います。

動物の中で、神様から「喜ばれると嬉しいという本能」を与えられているのは「ヒト」だけです。「なぜだかわからないけど、喜ばれると嬉しいから続けていきたい」と思う。なぜだかわからないけどしたくなるからこそ、「本能」なのでしょう。

そして「ヒトには喜ばれると嬉しいという本能がある」ことを誰かに教えられて知った瞬間にスイッチが入るらしい。スイッチが入ったあとの存在が「人間」。「人間」に囲まれていると、これ以上ない幸せを感じることができます。

私たちが年に数回行う「合宿」は、個人的な別荘に集まって行われますので、専門のルームキーパーがいるわけではありません。それでも、お風呂はキレイ。トイレはいつ使ってもキレイ。洗濯物はいつも片付いています。

私が参加者に「掃除をしてほしい」「洗濯物をたたんでほしい」と指示したことは、一度もありませんでした。40人もの「喜ばれると嬉しいという本能」に目覚めた人たちが集団で集まっているので、すごく「居心地のいい空間」になっているのです。

「喜ばれると嬉しい」という本能に目覚め、それを認識しながら生きていくと、やがて「よき仲間」に囲まれ、「天国度１００％」の状態を味わえます。

自分の幸せを追い求めていったとしても、最後に行き着く結論は、

・自分が喜ばれると、自分が幸せな気分になる
・自分の存在が喜ばれると嬉しい

ということに尽きると思います。

ではどうして「ヒト」だけが「喜ばれると嬉しいという本能」を与えられたのでしょうか。**それは、神様が「喜ばれると嬉しいという概念（エネルギー）だけの存在」だから、神様は「神」と「動物」の間に「人間」をつくられたのだと思います**。私たち「人間」は、神様からそのエネルギーを分け与えられた「神様と動物の間に立つ、唯一の生物」であると、私は、思うのです。

010

「感謝の心」は、唯一「ヒトだけ」に与えられている

ではここで、神様の「存在証明」をしてみましょう。「ヒト」は、「喜ばれると嬉しいという本能」を神様から与えられています。そして、何かをしてもらったときに「ありがとう」と言ったり（言われたり）、「感謝」したり（されたり）する「感謝の心」を持っています。

ではここで問題です。

「ヒト」が持っている「感謝の心」を「100%」とすると、生物学的な「ヒト」に近い「ゴリラ」「オランウータン」「チンパンジー」は、「感謝の心」をどれくらい持っているのでしょうか？

答えは、「ゼロ」。

「ヒト」以外の霊長類《れいちょうるい》に「感謝の心」は入り込んでいません。したがって、「ゴリラ」

や「オランウータン」や「チンパンジー」が、「ありがとう」と言って、仲間に向かって手を合わせることはありません。

約500万年前、霊長類は「生物の進化の過程」として、「ゴリラ」「オランウータン」「マントヒヒ」「チンパンジー」「サル」「ヒト」などに分かれていきました。500万年前までは、同じ進化の系譜をたどってきたはずなのに、「ヒト」以外に「感謝の心」を持つ霊長類は見当たりません。一種族たりとも。

ということは、物理学的に考えていくと、「『感謝の心』は、進化の過程で手に入れたものではない」といえると思います。進化を遂げながら、だんだん「感謝の心」を持つようになったわけではないのです。

「感謝の心」を進化の過程によって手に入れたのなら、「感謝の心」を10%持っている生物がいて、20%持っている生物がいて、30%持っている生物がいて、40%、50%、

60％持っている生物がいて……、その「連続分布」の結果として、「感謝の心」を100％持つ「ヒト」が存在していなければ、物理学的に説明がつかないと思います。

ところが、数百万種類の生物の中で「感謝」することができるのは、「ヒト」だけです。連続分布の結果ではなく、生物の頂点に位置する「ヒト」にだけ唯一「感謝の心」が存在しているということは、「何者かによって与えられた」としか考えられません。では、誰が与えたのか……。

「唯物論《ゆいぶつろん》」的に考えて、「神様」が与えたと考えるのが、いちばん納得がいきます。

「ヒト」だけが「感謝の心」を持っているのは、「神様が存在する証」だと思うのです。

011

「13本顔」に変われば、多くの友人が支えてくれる

人間の顔には、左右30本ずつ、合計60本の筋肉があるといわれています。

そして、笑顔になったときは「13本」の筋肉を使い、「あの人、本当に嫌な人ね」「先日、こんなに嫌なことがあった」と不平不満を言うときには、「47本」の筋肉を使っているそうです。

いつもニコニコしている人は「13本顔」に、いつも、不平不満、愚痴、泣き言、悪口、文句を言っていると、「47本顔」になります。「47本顔」の人が、「喜ばれる顔」になろうとしても、時間がかかります。**ですから、この本を読んだ瞬間から、「47本」をなるべく使わないことをお勧めします**。

イタリアには、子どもたちに言い聞かせている「伝説の寓話《ぐうわ》」があると聞いたことがあり、確か、こんな話だったと思います（※史実とは違う「寓話」です）。

レオナルド・ダ・ビンチが「最後の晩餐《ばんさん》」を描くとき、最初に取りかかったのは、キリストです。街に出て、公園を歩いていたときに、「目が澄んで、肌がキレイで、すがすがしい好青年」がいた。その人に「モデルになってください」と声をかけ、キリストの絵を描いたそうです。

それからひとりずつ弟子を描いていって、最後に残ったのが、裏切り者のユダです。

「最後の晩餐」には13人が描かれています。描きはじめてから最初の数年でキリストと11人の弟子を描くことができたものの、ユダだけが思うように描けず、ダ・ビンチは3年以上苦しんだそうです。

そんなとき、薄暗い酒場の片隅に、ひとりの男性を見つけました。人生の悲哀、裏切り、憎しみ、妬《ねた》みを全身に背負っているような男でした。

ダ・ビンチはこの男に近づき、「モデル代を払うから、何時間か私のために時間をくれないか」と声をかけた。男は、「いいですよ。もう、どうせ俺の時間なんか、誰も必要としていないし」と返事をし、モデルになったのです。

ダ・ビンチが絵を描き終えたとき、モデルの男の目から涙が溢れてきたそうです。

「なぜ、泣いているのですか？　感動して泣いたのですか？」

ダ・ビンチが尋ねると、男は、こう答えた。

「あなたは、私を忘れたのですか？　3年前に、あなたは私をモデルにして『キリス

ト』を描いた。3年たって、もう一度あなたから声をかけられ、今度は誰のモデルになるのかと思ったら、裏切り者のユダだった。これが泣かずにおられようか……」

この男性は、3年間、人の悪口を言い続けていたのではないでしょうか。世の中に対して、他人に対して、「自分はツイてない」「あの人はひどい人だ」と、恨み言、憎しみ言を言い続けていた…。その結果として、キリストのモデルだった彼は、ユダのモデルに選ばれてしまった…ということを伝える「寓話」なのでしょう。

私は、強制しませんし、「人間はこうあるべきだ」という話はしませんが、自分の顔には責任を持ったほうがいいと思います。

「13本顔」になって、「不平不満・愚痴・泣き言・悪口・文句」を言わないでいると、人から、さまざまなことを頼まれるようになります。頼まれごとがあったら、あとは何も考えずに笑顔でやっていけば、必ず生活もできるし、友人、知人があなたのことを支えてくれるはずです。

012

人生の目的は、「長生きすること」ではない

ガンを宣告されてから、毎日、さまざまな健康法や食事療法を続けてきた人がいます。自分の健康を取り戻すことを優先し、ありとあらゆる頼まれごとをすべて断ってきた。しかし、5年たったところで、

「自分は何のために生きているのか。どうして病気を治そうと思っているのか」

と疑問に思ったそうです。


そのとき、たまたま私の講演会においでになって、

「人生の目的は、頼まれごとをして、喜ばれる存在になること」

であることを知った。それからは、「自分が何をしたいかではなく、いつ死んでもいいから頼まれごとをして、喜ばれる人生に切り替えよう」と決意しました。


「病気を治してから頼まれごとをやろうと思っていたけれど、それでは、今、この瞬間を生きている意味がないではないか？」

そう思い、次の日から頼まれごとをやりはじめたのです。

それ以来3年たちますが、とてもお元気そうで、「一度も病院に行っていない」そうです。

もし、神様という存在が上から見下ろしていたとしたら、その人が病気であろうとなかろうと、関係がない。

その人が「どんな病気を背負っているか」ではなくて、「喜ばれる存在であるかどうか」を神様は見ているらしい。

たとえ病気でも、与えられた状態の中で、頼まれごとをやり続けていたら、神様は、「この人をもうちょっと長生きさせようかな」と思うのではないでしょうか。なぜなら、この人は、まわりを喜ばせることができるのですから…。

私たちの人生は、長生きすることがテーマなのではありません。「生きている間に、どれだけ喜ばれるか」だけです。

たとえ病院のベッドの上にいても、お見舞いに来てくれた人に、不機嫌にならず、笑顔で、穏やかに応対をして、その人を安心させることができたら、それだけでも「喜ばれた」ことになります。そういう一瞬一瞬を積み重ねていけば、それ以外のことはいらないのです。

この世に生を受けた目的とは、「いかに喜ばれる存在になるか」ということです。そして、喜ばれる存在になるために「頼まれごとを淡々とこなす」こと。それが人生のすべてなのです。

013

有料の頼まれごとがきたときに、「お金を受け取らない」のは傲慢《ごうまん》

おもしろいことに、「頼まれごと」の3つにひとつは有料です。有料の「頼まれごと」がきたときに、「好きでやっているので、お金をもらう必要はありません」と言って、受け取らない人がいます。このような人を「傲慢《ごうまん》な人」といいます。なぜ「傲慢」なのかというと、「自分の手元にあるお金は、自分のもの」と思っているからです。

一方で、「ありがとうございます」と言って受け取る人を、「謙虚な人」といいます。

お金の持ち主は誰かと言うと、神様だったり、宇宙だったり、全人類だったり、地球だったりします。「私」ではありません。だから「ありがとうございます」「預からせていただきます」と言うのが、正しい。

お金は「自分のもの」ではありません。ただ、通り過ぎていくだけです。**頼まれごとに対して金額を提示されたときは、「ありがとうございます」と言って頭を下げ、「どのようにお金を使うか」を考えて生きていく。**そうすれば、そのお金は生きたお金になります。

江戸時代に池大雅《いけのたいが》という文人画家がいました。この人は、東山《ひがしやま》（京都府）に住んでいたのですが、「頼まれた絵を1枚も断ったことがなかった。全部描いた」そうです。

絵を頼んだ人は、絵が描き終わると取りに来る。そして、「ありがとうございました」と言って、玄関先に吊り下げられた「ざる」の中にお金を入れて帰りました。

その絵の代金として、お客さまがいくら払ったのか、池大雅ご夫妻は知らなかったといいます。一方、池大雅ご夫妻が味噌、お米、醤油の配達を商人に頼むと、商人は帰りがけに、「ざる」の中から代金を持っていったそうです。


この話を知ったとき、私は大きな衝撃を受けました。「頼まれごとをする」ことが人生のすべてであるとわかってはいたものの、池大雅のような生活には踏み切れていなかったからです。そこで、「池大雅的な生活を実際にしてみたら、どうなるだろうか」を知りたくて、私は身を委ねることにしました。

どうやってお金を稼ぐか、どうやって収入を上げるか、どうやって生活をするかは考えないで、「頼まれごとをすべて受ける」と決めたのです。

私は、何も考えず、ひたすら頼まれごとをやり続けました。

その結果、いろいろなところから、それなりの収入をいただいたのですが、ある程度お金が貯まったとき、私の前に4人の方があらわれました。その方たちは、そのときたまたまお金に困っている状態だったのですが、4人の金額を合計すると、なんと、そのときに私がいただいていた収入と同じ金額だったのです。

振り込まれた金額と、4人に必要な金額がぴったり一致したのですから、私は「この人たちに使いなさい」ということだと解釈し、4人にお金を渡しました。

その後、少したってから、ある金額が私の口座に振り込まれました。

すると、また別の人があらわれて、「お金に困っている」と言います。不思議なことに、今度もまた、振り込まれた金額と、その人に必要な金額が同じだったのです。

私は彼に、その金額を渡しました。

「どうしたら売上が上がるのか」「どうしたらお客さまが増えるのか」「どうしたら利益を確保できるのか」を考えるのではなく、「どうしたら喜ばれる存在になれるか」だけを考えるようにしたら、お金の入り方が変わってきた実感があります。**どうも神様は、「喜ばれる存在になろう」と決めた人を、放ってはおかないみたいです。**

014

断ってもいい頼まれごとは、「借金」「できないこと」「数合わせ」「先約アリ」

頼まれごとは、基本的には断らないほうがいいと思います。

頼まれごとを安易に断ってしまうと、それ以降、「頼まれなくなる」からです。「一否定3年」と覚えてください。頼まれたり持ち込まれたりしたものを「好きじゃないので」「嫌いなので」と好き嫌いを中心に選り好みしていると、ここから先、楽しい仕事の話は「3年間」はやってきません。

ただし、なかには「断ってもいい頼まれごと」があります。断ってもよい条件は次のとおりです。

①「借金」は、断ってもいい

「お金を貸してほしい」という頼まれごとは、お金に用があるのであって、その人に用があるわけではありません。ですから、断ってもかまいません。ですが、②の条件によっても変わります。

②「自己嫌悪」が大きくなるときは、断ってもいい

遊んでいるお金が手元にあるときに、借金の頼まれごとがあったとします。そのとき、「断ったほうが、断らなかったときよりも自己嫌悪が大きい」のなら、貸してあげてもいいでしょう。ただし、自分の生活を犠牲にしてまでお金を貸すと、自己嫌悪が大きくなりやすいので、貸さないほうがいいでしょう。

③「能力的にできない頼まれごと」は、断ってもいい

私のもとには、海外への翻訳の依頼が寄せられていますが、すべてお断りしています。なぜなら、私は、英語や中国語、韓国語が得意ではないので、校正（文章の誤りを正す作業）ができないからです。

また、「100kgの荷物を持ってほしい」といった物理的に不可能な頼まれごともお断りしています。

④単なる数合わせは断ってもいい

「忘年会で欠員が出た。一応10人で予約をしているので、9人だと困る。今から来て

くれないか」というような頼まれごとは、断ってもいい。

その人の個性や人格に関わりがあるわけではありません。頭数をそろえたいだけなので、個性や人格に関係ない「頼まれごと」は断ってよいと思います。

⑤先約がある場合は、断ってもいい

すでに先約が入っていて、スケジュールが取れないものについては、無理に引き受ける必要はありません。「ＮＯ」と言っていい。


「できないことでも引き受ける」と気負いすぎると、「できない頼まれごと」を抱え込み、やがて行き詰まってしまいます。人間には「できること」と「できないこと」があるのですから、「できない頼まれごと」には、「できない」と言ってもいいのです。

「できないこと」を持ち込まれるとしたら、その人の中に「できないことでも何でも、引き受けるぞ！」という気負いがあるからです。私には、「できないこと」は持ち込まれません。なぜなら、気負いがないから。力がまったく入っていないからです。

第3章

A God in the Magic Word "Arigato"

「お金」に好かれる習慣

015

お金は、「人の役に立つように使う」と、4倍以上になって返ってくる

お金が入ってきたときに、「じゃあ、クルマを買い換えよう」とか、「海外旅行に行こう」とか、「自分が物質的に満足するため」だけの観点でお金を使う人のところには、どうもお金は集まりにくいみたいです。

お金がいちばん嫌がる使われ方は、「ギャンブル」だそうです。

2つ目は、「贅沢・華美」。お金が入ったときに、生活が派手になることをお金は嫌います。

3つ目は、貯め込まれることです。お金自身は、「役に立ちたい」「喜ばれたい」といつも思っているようです。

水とお金は流さないと腐ります。だから、お金の流れを留まらせてはいけません。「では、お金が貯まってから使いましょう」と言う人がいますが、順番が逆です。「先に、喜ばれることに使う」。**出すことによって、はじめてお金が入ってきて、流れがよくなるようです**。

就職する、手に職をつける、独立起業する……など、社会は「お金の儲け方」を教えてくれますが、「お金の使い方」を教えてくれる人はいません。

「出入口」という言葉は、「出」が先です。たとえば、タクシーも、エレベーターも、電車も、バスも、お客さまが「降りる」ほうが先、「乗る」のがあとです。

それなのに、社会では、「どうやって手に入れるか」しか教えてくれません。宇宙の法則では、「出るほう」が先なので、「出」の勉強をしないかぎり、入るほうも滞るしくみになっているようです。

2500年前に、お釈迦《しゃか》さまが「托鉢《たくはつ》」(修行僧が鉢を持って家々を回り、食べものやお金をもらう)を思いつきました。そして、こう言ったそうです。

「明日から托鉢というものをやりたいと思う。托鉢では、『貧しい人々』の家を回りなさい」

弟子たちは驚いて、「どうして金持ちではなく、貧しい人々なのか」、その説明を求めると、お釈迦さまは、

「貧しい人々は、自分が貧しいと思い続けて、他人に施しをしてこなかった人たちです。他人に施《ほどこ》しをすることで救われるのだから、救いに行ってあげなさい。そのため

の托鉢です」

と、答えたといいます。

「自分に財力がないから、施しができない」と思っている人は、「施しをしてこなかった」がゆえに、財が入ってこなかったのでしょう。

先に、施しありきです。それは、金額の問題ではありません。気持ちの問題です。

1割でもいい。たとえば、ゆとりのない人が、1万円の1割（1000円）を人のために差し出す。この1000円は、神様からみると、「すばらしいもの」ではないでしょうか。

「自分が置かれている状況よりも、もっと困っている人がいるかもしれない。だから、少しでも役立ててほしい」

と思ってお金を使うと、それを見守っている神様は、どうやら「4倍以上」にして返してくれるみたいです。お金が貯まったから出すのでも、普通の人よりも持っているから出すのでもなく、「自分の出せる金額を出す」ことから、はじまるようです。

016

お金持ちの人の共通点は、「トイレ」がピカピカで蓋が閉まっていること

アメリカの大富豪が、10人の人を世界中に派遣して、10年間ほど「3つのテーマ」について調べさせたそうです。

1つ目のテーマは、不老不死の薬・食べもの、方法があるか？

2つ目のテーマは、貧乏人が必ず金持ちになる方法があるか？

3つ目のテーマは、金持ちがずっと金持ちでい続けられる方法があるか？

1つ目のテーマは、「ない」という結論に至りました。

2つ目と3つ目のテーマについては、前半生が貧乏であったかお金持ちであったかは問わず、「今、お金持ちの人」には全員、共通点がありました。それは、「トイレの蓋が閉まっていた」ということです。

私はこの話を、なかば笑い話として講演会でお伝えしたのですが、実際に試してみた人たちがいました。

それから数カ月後、多くの事例が報告され、「トイレの蓋を閉めた人たちには、臨時収入があった」ことがわかりました。ただし、「トイレの蓋を閉めればそれでよし」

ではなく、すべての人が「トイレをピカピカに磨いてから蓋を閉めていた」のです。

・8万円の香港旅行が当たった
・突然、仕事の依頼が入るようになり、倒産を回避できた
・覚えのない100万円がたんすの中から出てきた
・20年前に絶縁したはずの叔母から、5000万円の生前贈与を受けた
・覚えのない「本人名義の口座」が見つかり、800万円入っていた
・3年前に買ったガイドブックの中に、覚えのない5万円が挟まっていた

信じられないかもしれませんが、「入れた覚えがないのに、お金が出てきた」ということが実際にあるようです。臨時収入があった人に共通しているのは、「トイレ掃除をしてから、トイレの蓋を閉めていること」です。そして、「不平不満・愚痴・泣き言・悪口・文句」を言わず、いつもニコニコして、「自分が喜ばれる存在でありたい」と思いながら生きていることです。**世のため人のために「喜ばれる存在」として生き**

ている人には、本当に困っているときに、お金が湧いてくることがあるらしいのです。

「トイレ掃除をすると、お金に困らないみたいだ。経済的な心配がある人は、トイレ掃除をするといいみたいだ」と私がお話すると、「じゃあ、収入があるとかないとか、損得勘定でやってもいいのか。純粋な心でやらなくてもいいのか」と質問を受けることがあります。私の答えは、こうです。

「損得勘定があるからこそ、トイレ掃除ができるのではありませんか？　純粋な心でなくてもかまいません」

もちろん、人格的、精神的にレベルの高い人は、トイレ掃除をしやすいでしょう。でもそれでは、心の中が下心で満ちあふれている人は、参加しにくい。「純粋な心を持っていないと、トイレ掃除をしてはいけないのではないか」と思ってしまいます。

しかし、私が把握した宇宙論の構造は、どうもそうではないようです。「邪心、下心、損得勘定100％でもいいから、トイレ掃除をやってみよう」ということ。そうすると、ものすごくおもしろい人生に変わるようです。

017

トイレ掃除のやり方を変えると、臨時収入の金額の「0」が増えていく

実利的にお金の問題を解決する方法は、「トイレ掃除」をすることです。

私のところには、数百に及ぶ実例が報告されていますが、おおよそ、次のようなことがわかってきました。

①ブラシなどの用具を使ってキレイにするより、トイレットペーパーだけで全部キレイにすると、臨時収入の金額の「0」が1個増える
②ゴム手袋を使わないで素手で掃除をすると「0」がもう1個増える
③素手で便器の中に手首をズボッと突っ込んで掃除をすると「0」がさらに増える

2万円入る予定のところに、0が3つ増えると、2000万円になるわけです。

1998年の1月28日に、私がトイレ掃除をしていたら、間違って、手が「ズボッ」と便器の中に入ってしまいました。普通ならあわてて手を引っ張り出すところですが、私はそのまま10秒ほど手をつけていた。すると、**「メンツだとか、プライドとか、虚栄心とか、見栄」といったものが、どんどん溶けていくのがわかりました**。そして、

気分がすごくラクになった。その日以降、私は手を突っ込んで掃除をするようになりました。

掃除のしかたを変えると、「0が3つまで増える」ことはだいたいわかりました。では、「0が4つまで増える方法」はないのでしょうか。

私は、自分にお金が入ってきても、自分のためには使いません。お金に困った人が目の前にあらわれるからです。

私の手元に200万円あったとすると、「200万円あったら倒産しないですむ」という人があらわれます。ですから、お金がほしくてやっているわけではありません。ただ現象が起きることがおもしろいのです。

「もうひとつ0がつく方法がどこかにあるだろう」と思っていたら、ついに発見しました。

じつは、半年ほど前に、新幹線のトイレ（男女兼用のほう）に入ったとき、便器の汚れが目に付きました。トイレットペーパーでこすってみたのですが、汚れが取れません。どうしようかと考えたとき、「爪がある」と思いました。

爪を使って汚れをキレイに落とすと、なんとなくさっぱりした気分がした。爪で汚れを落としてから半年ほどたちますが、私に対する各種の未払いの合計が「２億円」くらいになっています。それだけでなく、「億単位」の話が次々と寄せられています。

実際に手に入るかはわかりませんが、今までは「億単位」の話など一度もなかったのに、「爪」を使ってトイレ掃除をして以降、大金の話が出てきたのは、とてもおもしろいことです。

「損得勘定ではないか」と言う人がいるかもしれませんが、損得勘定だからこそ「爪で掃除をしよう」とやる気になります。

私は、ガチガチの唯《ゆい》物《ぶつ》論《ろん》者（「物質的」に現れた現象のみを信じる）です。唯物論の人間が１００％どころか２００％確信して言えることは、

「トイレ掃除をしていると、お金の心配がなくなるらしい」

ということです。

018

「宇宙預金（徳を積む）」の利子は、年利１０００％

「足腰の立たない親を3年間介護している」と言う方から、相談を受けたことがあります。この方は42歳の男性ですが、「介護のために恋愛もお見合いもできない。私の人生はこれで終わりだと思うと、つらい。このままでいいのだろうか」と悩み苦しんでいました。

そこで私は、次のように答えました。

「人間が汗を流したときに、報酬は2通りの形でやってきます。ひとつは、お金や金銭的な報酬で、もうひとつは『宇宙預金（徳を積む）』という形です」

お金の場合、現金で100万円入ってきても、100万円使えば、「0」になります。

一方、「宇宙預金」は、ずっと年利1000％の複利計算で、翌年から、10倍、10倍に増えていくようです。

母親を3年間介護して汗を流して、それに対して金銭的な報酬がない状態の人は、ものすごくたくさんの「宇宙預金」を貯め込んでいることになります。

ところが、「宇宙預金」が何億ポイント貯まっても、一瞬にして0になってしまうことがあります。それは、「不平不満・愚痴・泣き言・悪口・文句」を言うことです。「五戒《ごかい》」を口にしたとたん、今まで貯めたポイントは「0」になります。

ビジネスマンの中には、流した汗の分だけ「時間外手当」がつく人がいますが、もしかしたら、手当をいただいている人は、不幸なのかもしれません。

金銭的な報酬のない汗をたくさん流している人ほど、じつは、ものすごいパワー、人脈、「宇宙預金（徳を積む）」が貯まっています。

「宇宙預金」が貯まれば貯まるほど、何が起きるかわかりません。どんな利息を生むのか、とても楽しみです。

「いざお金に困ったとき、『宇宙預金』では役に立たないのではないか」と言う人がいます。そんなことは、ありません。なぜなら「宇宙預金」は、「人脈」ともイコールだからです。

仮に私が「今晩中に1000万円集めなくてはいけない」というときに、「100万円ずつ貸してくれる人が10人」いたら、集められます。

お金だけではありません。「どうしても人手が3人か4人ほしい」というときも、

「人脈」を持っていれば、協力をしてくれる人がすぐに集まるでしょう。

「宇宙預金」のほかに、「にこやか貯金」も利子が大きい。

たとえば、上司から「頼まれごと」をされたとします。そのときは、イライラせず、いやみも皮肉も言わず、笑顔でやってあげましょう。いつも笑顔でやり続けていくと、それは「にこやか貯金」になります。

人間は基本的に、「良心」の塊です。あなたが嫌な顔をせず、ニコニコやっていれば、頼んだ人の心の中に「借り」ができます。

その「借り」は目に見えないものですし、数字でもあらわせません。しかし、快く引き受けていると、どれほど威張っている上司でも、心の中に「借り」が生まれます。そしてその借りを「大きな利子をつけて返そう」とします。

上司から何か頼まれたときは、「にこやか貯金を積み立てるチャンスがきた。ありがとうございます」と思ってください。そのときから「にこやか貯金」がはじまります。そして、大きな利息が付いて返ってくるでしょう。

019

自分で努力をしてお金を貯めるよりも、「お金を貸してくれる仲間」を増やす

私の友人に、15年ほど、給料で雇われている「宿の経営者」がいました。その人は、年間の宿泊者を1300人から3900人に増やしました。ただ、宿にどれほど貢献しても、友人の給料は変わらなかったのです。

私は、彼の経営手腕を埋もれさせるのはもったいないと思い、「独立をしたらどうですか？」と提案しました。しかし彼は、「自己資金がない」からといって、気乗りしません。そこで私は、**「自己資金などいりません。お金を出してくれそうな人に、『自分はこれから宿をやるのですが、30万円のポケットマネーを出してください』という手紙を書くといい」**と話したのです。この30万円は、出資ではありません。友人としての寄付です。

それでも彼は、「そんなことはできない。自分の力でやるのが筋だ」と、私の提案を拒否しました。

それから3年たちましたが、お金が全然貯まらなかった。そこで、ようやく私の言うことを聞き入れて、手紙を書くことにしたのです。

彼は、「もし、誰からもイエスと言ってもらえなかったら、どうしよう」と心配するので、私は、こう言いました。

「ひとりも返事がなかったら、宿をやってもうまくいきません。今まで15年間も宿を経営してきて、何万人ももてなしてきたはずです。それなのに、信頼関係を築いた人が50人もいないのであれば、宿をやっても、人が来るわけがないじゃないですか」

彼は「なるほど」と納得し、手紙を出すことにしたのです。

私のところにも手紙が届きました。私には、最初に手紙を書いたようです（笑）。

もちろん、私もお金を出しました。

では50人に手紙を出して、どれくらいの数の「イエス」が集まったと思いますか？

答えは、１００％。彼はたった３日間で、１５００万円を集めたそうです。

この話には、続きがあります。彼の義父《ぎふ》（奥さんの父）が大企業の重役をしていました。義父は、３日間で１５００万円を集めた婿を「すごい奴だ」と見直し、「そんなにすごい男だとは知らなかった。私も力になろう」と、「８５００万円」も出してくれたそうです。

彼は、自ら集めた１５００万円と、義父からいただいた８５００万円を合わせ、１億円で宿を建てました。

一所懸命頑張って、自分で自己資金を貯めるという考え方は、やめてもいい。電話１本で「１００万円出してくれる人」が１００人いたら、１億円のお金ができます。

私自身も、「株式会社ＳＫＰ」をつくるとき、知り合い４人に「お金は出すけれど、口は出さない出資者になりませんか？」と電話をかけました。すると、15分間で１０００万円を出してくれる人が決まり、３日後には会社を設立する資金が集まりました。

すべて自分の力だけでやる、という考えは、「自惚《うぬぼ》れ、驕《おご》り、高ぶり、傲慢《ごうまん》」です。

なぜ、人を当てにしないのですか？　人を頼りにすればいいではありませんか。他人を頼ることができないとしたら、それは、自分が他人を許さないからです。甘えさせないからです。

「困ったときに、自分を支えてくれる人」をいかに増やしていくか。それが人生を楽しいものにしてくれるのです。

020

お金は「意思」を持っている

「北方《ほっぽう》文化博物館」は、新潟県の新潟市にあります。この建物は、越後屈指の大地主である伊藤さんのお屋敷ですが、それを財団法人北方文化博物館に寄贈して、伊藤さんが館長を務めています。

1964年に新潟大地震があり、新潟県、山形県、福島県全体で、家屋の被害は2万戸以上にのぼりました。**しかし、65室ある伊藤家は、何の被害もなく、瓦一枚落ちなかったそうです**。そこで、「この家は、すごい」という話になりました。この話を聞いた（株）船井総合研究所の創業者である故・船井幸雄さんは、のちに北方文化博物館に足を運び、「この家には、パワースポットが7ヵ所ある」と指摘したそうです。

どうして、伊藤家は、何の被害も被らなかったのでしょうか。

伊藤家の庭には大きな築山《つきやま》があります。高さは5m、幅が10mほどの小さな築山ですが、でき上がるのに3年半かかりました。どうして、3年半もかかったのか？

米どころの新潟は、お米がまったく取れず、3年間飢饉だったことがあります。そのとき、伊藤館長の父親が近所の人たちに声をかけて、「ここに、簗山をつくってください。ただし、器具を一切使ってはいけません。すべて『手』でつくってください」と言ったそうです。

なぜ、器具に頼らなかったのでしょうか。簗山ができ上がってから、伊藤さんは、その理由を聞かされました。

「お金というものは、いつ使うのかを考えていないといけない。なぜクルマや大八車を使ってはいけないかというと、たくさんの人手を使うことができるから。その間、ずっと賃金を払い続けてあげたかった」

簗山ができ上がったときには、近所の農家から、「伊藤さんのおかげで、私たちは一家心中しないですみました。どれほどあの仕事で助かったかわかりません」と感謝されたそうです。

たとえみなさんにお金を払ってあげたいと思っても、人間には自尊心があるので、分け与えただけでは、その人たちを傷つけてしまうかもしれません。だから、相手を傷つけないようにして、「築山をつくる」という仕事を依頼したのではないでしょうか。

まわりの人たちは、「伊藤家に富を蓄えてもらいたい」と思うでしょう。**なぜなら、「伊藤家に富を蓄えてもらえば、飢饉などがあったとき、蓄えた富を自分たちのために使ってくれるから」です。**

私は、お金持ちになったことがないからわかりませんが、本当のお金持ちは、「いかにお金を貯めるか」ではなく、「いかにお金を使うか」を考えている人たちらしい。まわりの人たちに、「いかに喜ばれる存在になるか」を考えながらお金を蓄えている人のところには、お金が向こうから勝手にやってくるようです。

どうもお金は「意思」を持っているらしい。お金自身も「喜ばれたい」と思っているみたいです。喜ばれる使い方をしてくれる人がいると、お金は自らの意思で、その人のところに行きたがるようです。

021

財布の中で、お金たちが「ひそひそ話をする使い方」がある

たとえば、よき仲間の中に、「これから陶芸を仕事にしていきたい」という人があらわれたとします。その方が、「3000円」でコーヒーカップを売っているとしたら、「じゃあ、私の名前を入れて1万円でつくって」といったお金の使い方をしてみましょう。

新しい仕事をはじめた人に、「頑張ってね」と励ますかわりに、その人から商品を買ってあげることです。

セーターを編むのを仕事にしている人には、「友だちだから安くしてよ」と値引いたりしない。むしろ、「より高い金額を払ってあげる」のです。

自分のわがままのためにお金を使うのではなくて、「喜ばれる」ようにお金を使う。

そういうお金の使い方をしていると自分のところに「倍返し」で返ってくる…、そのお金を「喜ばれる」ように使うと今度は4倍になって返ってくる…、4倍になったお金をまた「喜ばれる」ように使うと今度は8倍になって返ってくるようです。

反対に、お金を貯め込んだり、自分の贅沢のために使いはじめたりすると、お金の流れがストップしてしまいます。

行列ができる「おいしいお店」と、客が少ない「おいしくないお店」があったとしたら、私は「おいしくないお店」に入るようにしています。

「おいしいものを食べたいからお金を使う」のは、エゴです。お金は、「喜ばれるように使う」ものなので、流行っていないお店に使ったほうが、喜ばれます。

1日に2000人のお客さまが並ぶラーメン屋さんでは、私の払うラーメン代は「売上の2000分の1」でしかありません。

ところが、1日に10人しか来ないラーメン屋さんでは、私の600円が、「10分の1」の売上を占めるのです。喜ばれ方がまったく違います。

このように、喜ばれるお金の使い方をしていると、いつの間にか、お金自身があちこちの財布で、ひそひそ話をするようになるらしい。

「あの人のところに行くと、喜ばれるように僕たちを使ってくれるよ」
「そうか。じゃあ、ほかの家に行ったら、その噂話をしてあげよう」

お金が来たときは、「しょうがないなあ」と言いながら、使ってあげるといいです。
それも、自分のエゴのためではなく、喜ばれるような使い方をしましょう。
お金は、喜ばれたくて、喜ばれたくて、しょうがない状態で存在しているのです。

「2000万円ほしい」「3000万円ほしい」と願ってもかまいません。

それを「自分のため」だけに使うというより、「お金はみんなのもの」と思って、「みんなに喜ばれるような使い方をしたい」と願っていると、どうも神様は聞いてくださるみたいです。

022

お金が「無限」に入ってくる方法

お金が「無限」に入ってくる方法をお教えします。

お財布を新しく買ったとき、はじめて入れた金額が、その財布の「記憶する金額」になるらしいのです。仮に、新しく買った財布に「30万円」入れておくと、その財布自身が「自分は30万円の守り神である」と認識します。30万円のうち、5万円がなくなっても、あとの5万円を呼び集めて常に30万円をキープしようとするらしいのです。

では、最初に3000円くらいしか入れなかった人は、どうすればいいのでしょうか。その場合は、すぐにもうひとつ財布を買って、新しく入れ直すといいかもしれません。3000円しか入れなかった財布は、甥《おい》っ子や姪《めい》っ子にあげるといいと思います。子どもは、数千円、数万円レベルの経済規模で生活しているので、3000円しか入れていなくても、役に立つ財布になります。

お札のおもしろい折り方を紹介します。

千円札を5枚用意して、お札の左右に描かれた「1000」という数字の「0」が全部つながるように折って並べると、「10の30乗」円になります。折ったお札をクリップで止めて財布に入れておけば、すごくたくさんのお金を持っている気分になります。そして、財布自身が、「ものすごい金額が入っている」と勘違いして、お金をどんどん呼び寄せてくれるらしいのです。

1万円札も、同じように「0」を並べて折ると、「10の40乗」円になります。私は常時、20万円くらいお財布の中に入れていますが、あまりお金を使いません。なぜなら、このような状態にしておくと「使いにくい」ので、衝動買いが少なくなるのです。

ですが、1カ月に1回くらいは、折ったお札を使って、別のお札を入れ直したほうがいいでしょう。お金は、使われるために生まれてきたので、しまわれているのは、つらいらしい。

財布をこのように使うほか、もうひとつ、お金が無限に流れ込んでくる方法があります。それは、「蛇口」をひねることです。すなわち、お金を喜ばれるように使うこと。流れてくるお金を自分のものにしようとして、蛇口を閉じると、とたんに流れてこなくなります。自分のところにお金が入ってこない人は、自分が「流していない」からです。貯めようとしてはダメなのです。

お金が入ってくる人の共通項は、「お金が入ってこなくてもいい」と思っていることです。「入ってこなくてもいいけど、入ってきたら嬉しい。そうなったら楽しい。そうなったら幸せだ。そうなったらありがたい」と、喜びを上乗せしています。

一方で、「どうしてもお金がほしい」と思っている人には、入ってきません。**お金に執着して、「入ってこなければ嫌だ。入ってこなければ不愉快だ。入ってこなければ悲しい」と思う人には、お金は入ってきません。**

「じゃあ、どうして小林さんは、お札を折っているのですか？　お金がほしいからではありませんか？」と聞く人がいます。私は、お金がほしいからお札を折っているのではありません。「おもしろいから」です。私は宇宙の法則を研究しているので、宇宙の方程式が実際に働いているのかを確認したい。だから、お札を折っているのです。

023

「お金」＋「友人」＝100

アメリカの雑誌が、100万ドル以上の宝くじが当たった人「100人」を追跡調査したことがあるそうです。宝くじが当たる前と同じ職業についていた人は、農夫ひとりだけ。**残りの99人は、波乱の人生を歩んでいたそうです。**

半数以上は、妻あるいは子どもから、「半分よこせ」「遺産相続の権利があるので、父親の勝手な散財は許さない」と訴訟を起こされ、係争中とのこと。

スロットマシーンで、数十億円当てた女性がいました。この人は、クルマの追突事故に遭い、生死の境をさまよっています。事故を起こす前まで、毎晩夜中の2時、3時、4時まで、「友人からの借金の申し込み」の電話に悩まされていたそうです。

レストランに行けば、多額のチップを要求されました。3ドルのコーヒーを飲むのに、100ドルのチップを要求されたこともあったそうです。

こうした悩みが積み重なって、睡眠不足に陥り、注意力が散漫になっていた。だから、自動車事故を誘発してしまったのかもしれません。

資産が1兆円以上ある大富豪がいます。この人がどのような生活をしているかというと、防弾ガラス付きのクルマで、防弾ガラスで覆われた会社に行って、防弾ガラスの家に帰る、という生活です。レストランで会食をするときは、貸し切りです。そして、ボディガード20人が取り囲む中で、食事をします。

食事を終え、仕事の打ち合わせを済ませ、家に帰るときも、防弾ガラスのリムジンに乗り込みます。この大富豪は、「いつ、テロリストに襲われるかわからない」「いつ、誘拐されるかわからない」という状態の中で、孤独を感じながら生きているそうです。

私の知人に、ある有名な俳優がいました。その俳優が売れる前までは、友人としてどこかへ出かけたり、喫茶店で長話をすることもありました。しかし、その人が売れるようになってからは、私だけでなく、ほかの人も彼と会うことが少なくなりました。

この人を嫌ったからではなく、むしろ、まわりの人たちのやさしさからです。

まわりの人たちは、やさしさゆえに、「その人の1時間がどれほどの時間であるか」「どれだけの価値があるのか」を、計算するようになっていました。

社会的に立場が上がって、たくさんのお金を得るようになったことがわかってくると、まだ若かった当時の友人は離れていきます。精神的には遠ざかっていないかもしれませんが、具体的な時間としては離れていく。

お金を格段に稼ぐわけでもなくて、普通の人の状態でずっと人生を送っていくと、貧しかった当時の友人がそのままついてきます。つまり、お金と友人の関係は、このような方程式であらわすことができます。

「お金」＋「友人」＝１００

原則的に、お金と友人を両方手に入れることはできません。お金を手に入れたら、多くの場合、友人が減っていきます。**１兆円の大富豪がそうだったように、地位も財産も全部手に入れたかわりに、「孤独」になるのです（例外的に、お金持ちでも、自分から出かけて行ったり、他人を受け入れるタイプの人は、友人が減りません）。**

だから、「貧しさ」＝「友人がたくさん」と考えることができます。人生の目的は、よき仲間に囲まれること。だとすれば、お金をたくさん持っているからといって、必ずしも幸せだとは言い切れないのです。

第4章

A God in the Magic Word "Arigato"

「子ども」が輝く子育て

024

自分の子どもを「天才」に育てる方法がある

子育てに関して、「親が子どもをしつけなくてはいけない」と気負いすぎている母親を見かけます。しかし、子育ての本質とは、子どもをしつけることではなく、**「子どもの芽を摘まないこと」**です。子どもに「ああしなさい、こうしなさい」と手をかけすぎるから、子育てが重荷になります。

でも、「あなたのこういうところがステキよ」「あなたのこの部分がすごいね」と、「ひとりのファン」として喜んであげることができたら、子育ては楽しいものになります。子どもが「キラリと光る片鱗」を見せたら、それを一緒に喜んであげる。それだけでいいのではないでしょうか。

心理学では、「初期印象効果（インプリンティング）」と呼ばれる刷り込み効果が認められています。

たとえば、動物は、生まれた瞬間に目の前に動くものがあると、それを「親」だと思ってしまいます。

インプリンティングの視点から人間を見たとき、母親は、「自分の人生の初期に、いちばん多く接する人」です。男の子からすると、母親は「はじめての恋人」であり、女の子からすると、「はじめてのお手本」といえるでしょう。

子どもの才能を伸ばしていくには、身近にいる母親が大きな影響を及ぼしているようです。

母親から、「いつも肯定されている子ども」は、自分の関心事を否定されないので、自分の才能をスムーズに開花させることができます。母親が「あなたは、そのままでいいのよ」と受け入れていくと、子どもは個性的に、のびのびと育ちます。

「芽をつぶさない」ことと「甘やかす」ことは違いますから、常識的に間違っていることがあれば、その都度、指摘したほうがいい。ただし、指摘をするときは、「笑顔」を忘れないこと。そして、子どもが言うことを聞かなくても、頭ごなしに子どもを否定しないことが大切です。

「天才のつくり方」というものがあります。私が思うに、天才と呼ばれた人たちには、共通項があるようです。それは、母親の存在です。天才を育てた母親は、「子どものことを、丸ごと全部受け入れ、肯定していた」のです。

たとえば、子どもが、アリの行列を何時間も見入っていても、もやしが生えるのを一晩中眺めていたとしても、「何をしているの？　早く寝なさい」「そんな変わったことをしていないで、普通の子どもになりなさい」とは叱りません。子どもに対して文句を言ったり、小言を言ったりしないで、「この子は、こういう子なんだ」と肯定的な見方をする。その結果、子どもの才能は、すくすくと伸びていくのではないでしょうか。

天才をつくるのは、難しくありません。「この子は、こういう子だ」と認め、守り育ててきた子どもが天才になります。**子どもが、夢中になっているときに、「すごいね」と言って丸ごと受け入れ、ニコっと笑顔で接してあげればいいのです。**

025

「なぜその学問が楽しいのか」を伝えると、子どものやる気がわいてくる

私の学生時代の「先生」たちは、勉強を教えてくれるというよりも、「人生のあれこれ」を教えてくれる存在だった気がします。

ところが今は、「カリキュラム」の勉強ばかり教える人が多いように思います。

私の講演会には「学校の先生」もたくさんお見えになるので、「勉強を教えるだけでなく、『いかにやる気にさせるか』を教えてください」とお願いされることがあります。**数学を教えるのなら、「この公式を使って、こう解け」と教えるよりも、「どうして数学がおもしろいのか。どうして自分は数学の先生になったのか」を語ってほしいのです。**そこには必ず、「自分が好きでやりはじめた動機」があるはずです。

今の学校の先生の多くは、「教える」ことだけにエネルギーを注ぎ、いちばん大切な「なぜ、勉強がおもしろいのか」を伝えていないのかもしれません。

仮に、学校の先生が20人いて、その中に、ひとりでも「動機付け」をしてくれる先生がいれば、生徒は、その先生について行こうと思うでしょう。

しかし、不運なことに、20人が20人ともカリキュラム偏重型の先生だとすると、生徒たちは、どこへもついて行くことができません。ですから、「動機付け」をしてあげることがとても重要です。

ある講演会で、32人の参加者のうち、8人が先生だったことがあります。

私は先生方に、「教育を考えるときに、動機付け（やる気にさせる）を意識してください」とお願いをしました。**「先生自身が、どうしてその学問を好きになったのか」「どんなおもしろさや深さがあるのか」を話すことによって、生徒の動機付けができるのだと思います。**

この話を聞いた先生の中で、Eさん（九州の美術の教師）が、後日談を話してくれました。Eさんは、私の話を聞いて、「自分が美術に興味を持つようになったのは、正多面体だった」ことを思い出したそうです。

そして、押し入れの奥にしまっていた正多面体の資料を引っぱり出して、生徒たちに、「なぜ自分が美術に興味を持つようになったのか」を伝えはじめました。

すると、生徒たちの目の色が変わった（Eさんの言葉を借りると「食いつくようになった」）のだとか。Eさん自身も、「美術を学ぶことの楽しさ」を思い出し、「自分が勉強し直したことを教えることが喜びになった」といいます。

あるとき、Eさんが指導している生徒たちが、クラス全員で大きな絵を描くことになりました。

Eさんは、「美術のおもしろさ」を説き、やる気を起こさせることだけを考えて楽しい授業をしています。ですから生徒たちも、やる気を持って、その絵に取り組んだそうです。そして、でき上がった作品を美術展などに出したところ、次から次へと入選しました。

Eさんは高校の先生ですが、受験勉強で一所懸命な生徒にとって、「砂漠の中のオアシス」のような存在になったらしいです。Eさんがそうしたように、「なぜ、その学問が楽しいのか」を伝え、生徒をやる気にさせることが、教育の大事な側面であるように思います。

026

母親が「母性」で接することで、思いやりのある子どもが育つ

お釈《しゃ》迦《か》さまの言葉に「人物をつくる４条件」というものがあります。**その４条件とは「貧乏」「読書」「感動」そして、「母親の感化（母性）」です。**

なぜ、「母親の感化（母性）」なのか。なぜ父親は出てこないのか。最近になって、私なりに理解できたように思います。

お釈迦さまがその言葉を言った２５００年前、母親の役割は、子どもに「やさしさ」「思いやり」「温かさ」といったものを教えることだったのではないでしょうか。「他人との協調性」「共生」「人に力を貸すこと」「世のために自分が貢献する」ことの大切さを教えるのが母親だった。それは、「母性」という言葉に示されるかもしれません。

一方、父親の役割は、「能率」「合理性」「生産性」といったものを教えることだった。それを広げて表現すれば、「父性」を教えることです。

「自分を主張すること」「相手を屈服させること」「問題を克服すること」「強い人間

ることです。

になること」「人より抜きんでること」「人と比べて負けないようにすること」を教え

お釈迦さまが言った「人物をつくる」という意味での「人物」は、尊敬される、慕われる、信頼されるといった「人格者」のことです。

だとすれば必要なのは「母性」だといえるでしょう。**つまり、2500年前、お釈迦さまがいた時代には、子育てには「父性」は必要とされなかったのかもしれません。**

ところが現代においては、「母性」を教えるべき母親が、「父性」を教えている気がします。

「やさしさ」や「思いやり」や「温かさ」ではなく、父親と一緒になって「能率」「合理性」「生産性」を教え込んできたように思うのです。

「母性」を教えるべき母親が、「父性」を教え込んだのですから、子どもの心のバランスが崩れるのも当然でしょう。

講演会などでこの話をすると「では、母親がいなくて、父親だけの場合はどうするんだ」という質問をいただきます。これも、「おそらく」としか言えないのですが、父親だけの場合は、父親が母親の代わりに「母性」を教えるべきだと思います。

明治以来、日本では、富《ふ》国《こく》強《きょう》兵《へい》の名のもとに、「戦うこと」「争うこと」「主張すること」「相手を屈服させること」を教え込まれてきました。しかし、元来、私たち日本人は、「相手の存在を広く認める」という多様性を持っています。

私たちは、もう一度、原点に戻って、「母性」を考えてみるべきだと思います（私は、男女の役割を固定的に決めたほうがいいと言っているのではありません）。

おもしろいことに「教育ママ」という言葉はあっても「教育パパ」という言葉はありません。

現代の教育にゆがみがあるとしたら、母親が「母性」よりも「父性」（勝つこと、抜きんでること）を教えるようになったから、ではないでしょうか。

027

自分の感情をコントロールできない大人を、子どもは「大人とは認めない」

母親のことが大好きな男の子は、勉強もするしお手伝いもしますが、母親のことが嫌いだと、すべて「言われたことの反対」をやります。「こんな母親に好かれたくない」と思っているからです。

好かれていない母親は、今日から正論を言うのをやめたほうがいい。好かれていない母親が何を言っても、逆効果です。まずは1年くらいかけて、「好かれる母親」になってから、ニッコリ笑って「こうしてくれると、お母さんは嬉しい」と言うと、やってくれます。

子どもは、感情的な母親（大人）を嫌う傾向があります。**子どもは、自分の感情をコントロールできない大人を、「大人とは認めない」のです。**

たとえば、子どもは、「バカ」とか「アホ」と言われると、「そんなことない」と真っ赤になって怒ったり、抗弁したり、喧嘩をしたりします。子どもは、感情を制御できません。

それなのに、お父さんから「バカ」と言われたお母さんが、言い返したり怒ったりせずに、ニコニコ笑いながら受け止めていると（感情を制御していると）、子どもはお母さんのことを「大人」として認めます。何があっても感情をコントロールできる母親を見て、尊敬するのです（大人の語源は、音なし。何があっても大きな声を出さない人を、大人と呼ぶようになりました）。

そして、尊敬する母親から言われたことは、素直にやるようになります。母親に好かれたいからです。

ところが、**母親が自分の感情をコントロールできずに、ヒステリックに怒っているのを見ると、子どもは「お母さんも、僕たち子どもと変わらないじゃないか」と残念に思い、親の言うことを聞かなくなります。**

母親は、子どもに対して、「大人」であることを示したほうがいい。何があってもイライラしないで、笑顔を保ち、感情をコントロールする。そうすれば男の子は、母親を尊敬し、好きになります。

女の子は、母親をお手本として、母親のコピーとして育ちます。害虫を見たら「キャー」と叫んでスリッパでバシッと叩く、という母親の姿を見た女の子は、大人になると、母親と同じように、「キャー」と叫んでスリッパで害虫を叩きます。

母と娘のこの連鎖を「キャーの遺伝」と名付けましたが（笑）、女の子は、母親の言葉よりも、行動を見て育ちます。母親と同じ行動パターンを身に付けるのです。母親が娘を見て嫌悪感を覚えるとしたら、子どもの中に、自分の嫌な面を見るからでしょう。

母親が、親子ゲンカの最中に、「あなたなんか生まれてこなければよかった」「産むつもりじゃなかった」と言ったとします。すると、その言葉を言われた娘は、自分が母親になったとき、同じセリフを使うようになります。

そして、代々、その言葉が受け継がれていくと、「わが子を殺してしまうような母親」が出てしまう可能性があります。ですから、代々受け継がれた「遺伝」をどこかで断ち切らなければなりません。

娘をいい子に育てようと思ったら、子どもに「ああしろ、こうしろ」と言う以上に、自分の行動や態度を見直すことが先決だと思います。

028

「自分で考えて行動できる子ども」を育てることこそが教育

一般的に「よい子」とは、「先生や親の言うことをよく聞く子ども」のことであり、「悪い子」とは、「先生や親の言うことを聞かない子ども」のことです。

では、今まさに死にかけている親の立場から、子どもを考えてみます。

「悪い子」は、親にとって不満だったかもしれませんが、親は「安心して死んでいく」ことができます。**なぜなら、悪い子は、親のいいなりにならず、「自分の価値観」や「自分の考え方」に従って生きてきた子どもだからです。**

一方で、「よい子」は、親の言うことをすべて聞き入れてきた子どもです。親がいなくなってしまったら、はたして自分の考えで生きていけるだろうか。そう思うと、親は不安になるかもしれません。

つまり、「悪い子」のほうが、親は安心して死んでいけることになります（ここでいう「悪い子」とは、「人に迷惑をかける」といった意味ではありません。「先生や親の言うことを聞かない」という意味です）。

先日、次のような相談を受けました。

「大学4年の息子がいるのですが、『大学を卒業したら、就職はしないで、半年くらい世界の国々を旅したい』と言い出しました。私は、『普通に就職して、普通に働いて、普通に暮らしてほしい』と思っているのに、どうしてこんな子どもになってしまったのでしょうか。どうしたらこの子の考えを直すことができるでしょうか」

私はこの相談に、次のように答えました。

「大変すばらしい教育をしたと思います。すばらしいお子さんに育てられましたね」

私は教育の専門家ではありませんが、教育とは、「みんなと同じことをする子ども」に育てることではなく、「自分で物事を考え、その結果、自分で自分の行動や生活、生き方を組み立てていけるようにすること」であると思います。

ということは、「普通に就職をするのは嫌だ。世界を周遊したい」という子どもを育てた母親は、すばらしい教育をしたということにほかなりません。

しかもこの息子は「旅費はすべてアルバイトをして稼ぐから、好きにやらせてほしい」と申し出たそうです。

家に帰った母親が、私から聞いたことを息子に話したところ、彼は「お母さんが考え方を変えるのは大変だろうから、今までどおり、何も変わらなくていいよ。自分は自分の生き方でやっていくから」と言ったそうです。この母親は、本当にすばらしい子育てをしたと思います。

日本は、明治以降、重工業や工業の非常に高いレベルの生産工場をつくるため、「高学歴の人材をたくさんつくる」ことを目指してきました。一方で、「個性的で、自分の考えを自分の中に確立できる子ども」をつくらないようにしてきたように思います。

そのため、親は、「没個性的で同質的なものが正しい」、「個性的なものは間違いである」と信じ込んできたのではないでしょうか。

「悪い子」とは、今の社会に対して、「もっと改善の余地がある」と思い、いつも分析をし、自分なりに物事を考え、提案している、そういう人間のことです。

「平均的」で「一般的」な子どもを育てることではなく、「自分の価値観で生きていく子ども」をつくることであり、そのように子どもたちを教え育んでいくことが、教育の本質だと思います。

029

自分の子孫がかわいいなら、子どもに「にこやかに穏やかに」接する

「小中学生が誰かを殺す」という事件が、ここ数年、起こっています。殺人を犯した子どもには、共通項があるようです。それは、「ものすごく厳しい親がいた」ことと、「成績がトップクラスだった」こと。

厳しい親が「父性」を発揮して「勉強しろ、勉強しろ」と徹底的にたたき込み、勉強を強制する。その結果、成績は上がっても、心のバランスをゆがめてしまい、親に向かって復讐をする。**親を、直接、攻撃するのではなく、第三者を手にかけ、「親が一生涯苦しまなくてはいけない」という復讐のしかたを選ぶのでしょう。**

あるお母さんから、こんな相談をされました。

「小学6年生と4年生の息子がいるのですが、仲が悪く、取っ組み合いの喧嘩ばかりしています。正観さんは『声を荒げて怒鳴るな、怒るな』と言いますが、この2人の間に大声を出して割って入らないと、喧嘩が収まりません。どうすれば、穏やかな毎日を過ごすことができますか？」

私が「あなたは、大声で『喧嘩をやめなさい！』『なんてことをするの！』と2人を説得しているのですよね」と尋ねると、この方は、「そうです」と答えました。

2人の子どもが喧嘩をするのは、この母親に原因があると私は思います。なぜなら、「目の前に気に入らない人がいたら、大声を出して、暴力的な態度と言葉で相手に言うことを聞かせる」という方法論を教え込んでいたからです。

2人の子どもは、母親と同じ方法を取っただけです。母親が、「気に入らない人に怒鳴った」ように、子どもたちも、気に入らない兄弟に対して怒鳴り合った。

母親が、「喧嘩に割って入って大声で怒鳴る」という解決策を取るかぎり、子どもたちは変わらないでしょう。

「気に入らない人に対しては、大声を出して、威圧的に解決する」ことを教えられた子どもは、大きくなって結婚をして子どもを持つと、怒鳴って威張って、暴力的に声を上げて、強権強圧的に育てる…という教育論を実践します。

そして、その教育論を踏襲する家系は、何十代もずっと、「強権強圧的な教育論」がまかり通っていく。そしてその中に、厳しい親子関係に耐えきれずに爆発してしまう子どもがあらわれるのです。ですから、暴力的な方法論をすぐにあらためないと、何十世代後の「犯罪者」を育ててしまう可能性があります。

自分の一生涯の間に、「気に入らないことがあったら、攻撃的になってもいい」という子育てをしてしまうと、子孫にもその考え方が受け継がれていきます。

ですから、「今日」から、強権強圧的ではなく「笑顔で、穏やかに子どもと接する」ようにしたほうがいい。

感情をコントロールできなくて怒鳴ってしまうことが、何十年先、何百年先の犯罪者を生んでいるかもしれない。因果関係としてそのことがわかったら、今日から「怒鳴らない」ことをお勧めします。

精神論や宗教論で言っているのではありません。自分の子孫がかわいいのだったら、「今すぐ、態度をあらためる」ほうがよい。そうしないと、子孫がかわいそうです。

子どもをきちんと育てるには、声を荒げてはいけません。言いたいことは、にこやかに、穏やかに言う。言うことを聞いてくれなくてもいいのです。子どもとの関係は、「言うことを聞かせること」ではなく、「にこやかに、穏やかに言うという方法論があること」を教えることが大切なのです。

030

自分の子どもと他人の子どもを比べることに意味はない

「身長2mの人」と「体重が100kgの人」と「足が30㎝」の人では、誰がいちばん大きいでしょうか?

正解は、「比べられない」です。

まったく違う基準のものを比べたり、競争させたり、評価したりすることは、無理なことです。

これは、子どもの教育にも当てはまることだと思います。

子どもには、数学が好きな子ども、体育が好きな子ども、図工が得意な子どもなど、いろいろな個性があります。

何かに優れているからといって、他のどんな子どもよりも優秀だとは言い切れません。数学が得意な子どものほうが、体育が得意な子どもよりも優れているわけではありません。

人にはそれぞれ個性や持ち味があって、人と比べることはできないのです。

自分が他の人とあれこれ比べることに意味はないのですから、「自分は自分。自分は、他人にはないものを持っている」と考えたほうが、幸せを感じやすくなります。

自分が理想とする人格になるために、自己研鑽をするのはいい。

ですが、自分が理想とする人格や生き方、考え方に向かって自己研鑽を積むのは、「自分の中の問題」であり、他人と比べることではありません。「自分自身が、その頂点に向かって、どれだけ登っていけるか？」ということです。

親はよく、自分の子どもと他の子どもを比べて、「ここが劣っている」「うちの子どものほうがデキが悪い」と考えることがあります。

しかし、子どもにはそれぞれ個性があるのですから、比較することに、何の意味もありません。

わが家の長女は、知的障害があるため、自分の名前を漢字で書くこともできません。

足し算も引き算もできません。

私が久しぶりに家に帰ると、「パパ〜」と言って、ずっとくっついて離れません。お茶を飲み終わると、またポットのところに行って、お茶を入れて持ってきます。半分くらい飲み終わると、すぐに足していっぱいにしてくれます。


この子は、人と比べると能力は低い。学力的な優秀さという点でいうと、価値がないことになってしまうかもしれません。

では、存在している価値がないかといえば、そんなことはない。この子がいると、家の中がパーっと明るくなって、やさしくて幸せな空気が流れます。

この子は、能力とか能率の面では、たしかにほかの子どもに劣っています。でも、ほかの子どもにはない「温かさ」を持った存在です。

すべての人には、それぞれのよさがある。だから、比べられない。比べる必要はないのです。

第5章

A God in the Magic Word "Arigato"

「病気」は身体からのメッセージ

031

「自分はまだ若い」と思っている人ほど、10年単位で長生きする

アメリカのある大学の心理学研究チームが、「私はまだ40歳」と考える1000人のグループと、「私はもう40歳」と考える1000人のグループを追跡調査したことがあります。2つのグループの平均寿命を調べたのです。

どちらが長かったかは、想像がつきます。

何ヵ月という単位ではなく、10年という単位で、「まだ40歳」と考えたグループのほうが、平均寿命が長かったそうです。

「もう40歳」と考えた人は、ほとんどの人が、その先も「もう50歳」「もう60歳」と考えたはずです。「どんどん自分は老け込んでいく」と自分の体に言い聞かせ、そのとおりに体が反応したのかもしれません。

一方で、「まだ40歳」と考えている人は、「まだまだあれもできる」「これもできる」「まだ若い」と前向きに考えることができるので、体にもプラスに作用したのでしょう。

嘘でもいいから、鏡に向かって「20歳にしか見えない」と言ってみてください。すると、体が反応してくれます。「もしかして、私は若いのではないか」と細胞が思いはじめます。

人間の想念は、とんでもなく強力に自分の体をコントロールしており、私たちが何気なく言ったひと言によって、体は律儀に、素直に反応する。「不平不満・愚痴・泣き言・悪口・文句」ばかり言っていると、体を壊しやすくなります。

私の講演会には、よく、医師の方がお見えになります。臨床的な医療の現場において、たくさんの患者さんを見てきた結果、

「正観さんの言うとおり、口から出てくる言葉によって、病気がちか、健康であるかわかるかもしれない」

という結論になった医師が何人もいました。

「もしかしたら、その人の人生観が体を壊しているのかもしれない」と考えたある女

医は、「投薬」よりも、「患者さんと十分に話をする」という方法に切り替えた。薬代では稼げないことになりましたが、「患者さんのためには、収入が見込めなくてもいい」と思い切ったのです。

その方は、ご夫婦で働いていたので、「収入面は主人にまかせて、自分は患者さんの治療に専念しよう」と思ったそうです。

しかし、おもしろいことに、「収入は見込めなくていい」と考えたにもかかわらず、収入が増えました。「あの先生はいい先生だ」という口コミが広まって、たくさんの患者さんが来院するようになったため、初診料収入が入るようになったからです。

これは、「神様が応援している」ということかもしれません。

032

「私、何を食べても○kgまでやせちゃうのよね」と言いながら食事をすると、その体重になる

長い間、日常生活を観察してきた結果として、「太り気味の人には、人格上の共通点がある」ことがわかりました。太り気味の人は、食事の最中に、いつも、「同じセリフ」を口にしているのです。

「私、何を食べても太るんだよね」

すると、口に入れられた食べものや飲みものは、体の中でハッと気づきます。
「そう言われたんだから、この人の体を膨らませよう」
そして、その人が「太る」ように働きかけるらしいのです。

私は、18歳のときから、体型も体重も変わっていません。その秘訣は、
「私、何を食べても、どんなに食べても、○kgまでやせちゃうのよね」
と言いながら食事をすることです。

私は、普通の人よりもたくさん食べますが、まったく太りません。食べたいものを、

食べたいだけ、食べています。それでも、太りません。

先日、ある方から、こんなことを言われました。

「私は、体重が70kgあります。3カ月前から『何を食べても太らないんです』と言いながら食事をしているのですが、今も体重は70kgのままで、全然やせません。どうしてですか？」

私は、次のようにお答えしました。

「『何を食べても太らないんです』と言いながら食べたのですよね？　だから、70kg以上には太っていませんよね。『何を食べても太らないんです』には、『やせる』とか『細くなる』という情報は含まれていません。『太らないんです』と言ったとおりに、70kg以上には太らなかったのではないでしょうか」

やせたいのであれば、「何を食べても、○kgまでやせちゃうのよね」と言いながら

食べることです。

それを実際にやってみた方がいます。その方も体重が70kgくらいあったそうですが、食事をするときは、「食べれば食べるほど細くなっちゃうのよね」と言うようにした。すると、2カ月間で4kgやせたそうです。

また、太っている人は、就寝前に「このひと口が私を太らせるんだよね」と言いながら、間食をしがちです。

このひと言を聞いた食べものは、「この人がそういうのだから、寝ている間に太らせなくちゃ」と思うようです。

やせたいのであれば、「太る」という言葉を使わないことです。ただし、「何を食べてもやせる」と言い続けていると、70kgの体重が極端に減り、35kgくらいにまで落ちてしまうこともありますから、「私、何を食べても○kgまでやせちゃうのよね」と、「具体的な体重」を入れておくと、その理想体重までやせるようです。

033

末期ガンが自然治癒した人の共通点は、「ガンになってよかった」と心から感謝していたこと

新聞でも取り上げられましたが、末期ガンの患者だけを集めて、富士登山を行った医師グループがあります。医師の中に、昇《のぼり》幹《みき》夫《お》先生という方がいらっしゃいます。昇先生は、「日本笑い学会」の副会長でもあり、ガン治療に「笑いの効用」を取り入れています。昇先生のお話によると、手の施しようがなくなった末期ガン患者の中に、自然治癒する人がいるそうです。そして、自然治癒した人たちには、人格上の共通項があるということでした。それは、

「ガンになる前よりも、ガンになってからのほうが、ずっと幸せだった」

と思っていたことです。

ガン患者だけの富士登山に、70代の女性が参加していたそうです。その女性は、「ガンになったから、よき仲間と助け合いながら富士山に登ることができた。70歳を過ぎて富士山に登るなんて思わなかった。ガンにならなかったら登らなかっただろうし、ましてや70歳を過ぎてからなんて、考えられなかった」と話していたそうです。

それから4、5年がたち、その女性は、ガン患者とともに、標高・約４８１０ｍのモンブラン（ヨーロッパ）に登ることになりました。そして帰国後、昇先生のところ

に、この方から、次のような手紙が届いたそうです。

「70歳を過ぎてヨーロッパに行くことは考えられなかったし、ましてモンブランに登ることなど、思いもよらなかった。ガンになって、本当によかった。ガンにならなければ、富士山に登ることも、モンブランも知らなかった。こんなにすばらしい仲間と知り合うこともなかった。ガンになって本当によかった。ガン細胞に心から感謝しています」

この女性は、その後、元気に暮らしているそうです。


わが家の長女は知的障害を持っているので、同様の障害を持つグループと交流があり、最近、不思議なことがわかりました。知的障害を持つ人の中で、ガンになる人は少ない、ということです。

その理由は、おそらく、「ストレスを感じることが少ない」からでしょう。ストレスはガン細胞を活性化させる要因のひとつですから、ストレスを受け流すやわらかさを持っている人は、ガンになる可能性が低くなると考えることができます。

講演会で、「ガン患者の中には、ガン細胞がなくなる人がいるようだ」という話をしたあと、このような質問をいただいたことがあります。

「私の友人で、小林さんの本を読んで心穏やかになった人がいます。ですがその人のガンは治らずに、亡くなってしまいました。いい人だったのに、どうしてこのような不幸が起きるのでしょうか？」

よいか、悪いかの問題ではありません。「なんで私がガンになったのか」と嘆いている間は、「死に向かって一直線に全力疾走している」ことを覚えておいてください。

「私は悪いことをしてこなかったのに、なんで病気になったのか。どうしてこんなにひどい目に遭わなくてはいけないのか」と、その現象を否定した瞬間に、全速力で死に向かって走り出すように思います。

なぜ、その病気になったのか。それは、「受け入れる（感謝する）」ための訓練なのかもしれません。命をかけて、その訓練をしている、と解釈することもできそうです。

だから、ガンになったことに「感謝」できるようになったとき、神様は「もう訓練の必要はありません」と、その人からガン細胞を取り除いてくれるのかもしれません。

034

100歳まで生きた長寿者の共通点は、苦にしない・引きずらない・心配しない

1996年の春頃だったと思うのですが、アメリカの心理学研究チームが、「理想的な二重人格の青年」を発見したと発表しました。二重人格とは、「同じ人とは思えない、まったく異なる2つの人格」を持つことです。

「理想的な二重人格」というのは、「A人格からB人格（あるいは、B人格からA人格）に移る瞬間が、予測できる」ことだそうです。**人格が切り替わる瞬間が予測できれば、さまざまな現象の違いを把握できます。**だから、理想的と呼んだのです。

研究チームは、研究の過程で、次のような現象を見つけました。

- 「A人格」……オレンジアレルギーを持っている（オレンジを食べたり、オレンジジュースを飲むと、アレルギーが出る）
- 「B人格」……オレンジアレルギーを持っていない

そこで、研究チームは、人格の移行時にオレンジを食べさせたら、どのような反応が出るのかを調べてみることにしました。

Ａ人格からＢ人格に移行する「30分ほど前」にオレンジを摂取すると、Ａ人格にはアレルギー症状が出ます。

ところが、Ｂ人格に移行したとたん、アレルギー症状がサッと消えたのだそうです。

また、Ｂ人格からＡ人格に移行する30分前にオレンジを摂取しても、アレルギー症状は出ないのですが、Ａ人格に移った瞬間に、症状が出ることがわかりました。

この結果を受けて、研究チームは、次のように考えました。

「どうやら、病気は、人格と連動しているらしい」

この実験から、「病気には、人格（＝心）が深く関係している」ことがわかったのだそうです。

１００歳まで生きた長寿者には、「クヨクヨ考えない楽天的な性格」の人が多いといわれています。いろいろなことを苦にしないこと、引きずらないこと、落ち込まないこと、心配し続けないことが、どうも、長寿につながっているらしい。

「クヨクヨしない」とは、すなわち、「心が健康である」ことですから、「心が健康なら、身体も健康になりやすい」ようです。

すでに何かの病気を抱えているのなら、「今までは、考えたこともないこと」を生活の中に取り入れてみるとよいかもしれません。

仕事一辺倒のビジネスマンなら、森林浴やトレッキング、サイクリングなどのアウトドア・スポーツを取り入れてみる。カラオケが苦手な人は、あえて、カラオケに通ってみる……。ようするに、「二重人格的な生活」「今までの自分とは、正反対の生活」をしてみるのです（もちろん、社会通念上許される範囲内で）。

「人格が病気をつくっている」のだとしたら、自分が今まで否定してきた人格や、対極に位置する人格を（社会に迷惑をかけない範囲で）演じてみる。そうすると、病気にかかりにくくなるかもしれません。

ずっと休むことなく増殖を続けていたガン細胞が、週に1時間でもその歩みを止める、ということになれば、すごいことだと思いませんか？

035

「トイレ掃除」を続けると、うつ状態が改善されるらしい

私は年に2回、精神科の先生の主催で講演をしています。先生によると、「最近は、うつ症状に悩む患者さんが増えている」そうです。

抗うつ剤を用いれば、ある程度、症状を改善することができるのですが、心の病を根治させるのは、精神科の先生でも難しいようです。

私の目の前にも、うつ状態の方が「8人」あらわれたことがあります。幸いなことに、この8人は、ある方法によって、全員、治ってしまいました。

その方法とは、「トイレ掃除」をすることです。

どうしてトイレ掃除をすると、うつ状態が改善されるのか、私なりにそのメカニズムを考えてみました。

この8人は、みなさん、自分のことを嫌っていました。「私なんか、この世に生まれてこなければよかった」「なんで私はここにいるのだろう」と、自分を否定していたのです。

ということは、「自分で自分のことを好きになる」と、治るのではないでしょうか。

では、どうしたら自分を好きになれるのでしょう？　それには「トイレ掃除」をすればいい。自分で自分を好きになる重要なポイントは、「いかにバカバカしいことがやれるか」に尽きると思います。「バカバカしいこと」とは、「やっても何の得もない（ようにみえる）こと」です。トイレ掃除は、その典型といえるでしょう。

トイレ掃除をするとき、誰かが覗いていることはありませんから、必ず「自分ひとりの作業」になります。

すると、「誰かから評価されるためにやっているのではなく、自分がただひたすらやっている」わけですから、ピカピカにした作業の結果として、自分のことが好きになるのではないでしょうか。次に使う人が「気持ちよく使える」ので、「喜ばれる存在」になるための実践でもあります。

また、手を便器に突っ込んで掃除をすると、自我がなくなるようです。

曹洞宗《そうとうしゅう》の僧侶から聞いた話なのですが、住職の資格を取るために永平寺で修行をしたとき、「トイレ掃除を一所懸命やりなさい」と教えられたそうです。

トイレ掃除に力を入れる理由は、「自我を捨てるため」です。トイレ掃除をすると、どうも、自我がなくなるらしい。

この話を精神科の先生にお話したところ、先生は、

「トイレ掃除をすると、うつ状態が治るらしいというのは衝撃的な話だったけれど、『自分で自分のことを好きになる』という点ではたしかにそうだと思います。今日、小林さんのお話を聞いて、ある方向性が見えてきました」

と言いました。私が「どんな方向性ですか？」と聞くと、先生は、こう答えました。

「診療所の待合室が20畳くらいあるのですけど、これを全部、小《こ》間《ま》敷《じ》きにして、トイレを20個くらいつくろうかな（笑）」

トイレも自分も、ピカピカに輝きはじめる頃には、臨時収入とともに、

「今の自分が大好きになる」

という幸福感も得られるようです。

036

幼くして亡くなった子どもは、
「神様」に近い存在。
だから、悲しまなくていい

3歳の子どもに「お母さんのおなかに来る前は、どこにいたの？」と質問をしたことがあります。すると、「生まれてくる前の記憶」を覚えている子どもが22人ほどいて、どの子も、同じことを言いました。

「上空からお母さんを見下ろしていたら、お母さんが寂しそうにしていたから、話し相手になってあげようと思った。そうしたら、真っ暗闇の中に飛び込んで、目を開けたら知らない人ばかりだったから、泣いちゃった」と。

つまり、子どもは「親を選んで生まれてきてくれる」のです。

そんな子どもが、幼くして亡くなってしまうことがあります。残された親は、これ以上ない悲しみを味わいますが、子どもが親を選ぶのも、親よりも先に逝《い》ってしまうのも、子ども自身が、「生まれる前に書いたシナリオどおり」なのかもしれません。

では、子どもは、何のために生まれ、何のために早くして亡くなるのでしょうか。

それは「残された人に、悲しみを与えるため」です。残された人たちは、「子どもを早く亡くしても、悲しみを乗り越え、その死に対してさえ感謝できるか」を問われています。

悲しみを乗り越えることができれば、ほかの人たちの悩みや苦しみにもアドバイスできるでしょう。心温まる言葉で人を励まし、慰めることができる人になってほしいために、その子どもは、これ以上味わえない最大の悲しみ（＝いちばんかわいい盛りの子どもを亡くす）を見せにきているのではないでしょうか。

私は、10年間で、「幼い子どもを亡くした親」を３００人ほど見てきました。私は、唯物論《ゆいぶつろん》の立場から、３００人に、３つの質問をしました。

①自分たちの子どもとはとても思えないほどに、とても容姿のいい、かわいい子どもではありませんでしたか？
②自分たちの子どもとはとても思えないほどに、とても頭のいい利発な子どもではありませんでしたか？
③自分たちの子どもとはとても思えないほどに、性格がよく、まわりの誰からも愛される子どもではありませんでしたか？

３００人全員が同じ答えをしました。「そのとおりです。だから悲しい」。

「感謝」の段階が進んで、神様の一歩手前ぐらいのレベルになると、70年、80年と肉体を持って修行をする必要がなくなります。すると今度は、「早世《そうせい》する子ども」という役割を担って生まれ変わるらしい。その子は神に近い子どもなので、「見た目がよくて、頭がよくて、性格もよい」という三拍子が揃っています。

その神の一歩手前の子どもが、「3歳、5歳、10歳で死んでしまった」というとらえ方ではなく、私を親に選び、3年、5年、10年もいてくれた…というとらえ方をすると、「ものすごくありがたい」ことに気がつくでしょう。

この話を聞いて、母親全員が泣くのをやめました。

いつまでも親が悲しんでいると、子どもは思うはずです。「お父さんも、お母さんも、僕が何のために死んだのか、その理由をわかっていないね」と。１日でも早く悲しみを乗り越えて、それを糧にして、「笑顔でほかの人にアドバイスできる」ようになること。それこそが、死んでいった子どもたちが親に投げかけているメッセージです。

037

何事も完璧にやろうとする人は、「花粉症」にかかりやすい

おもしろいことに、「生きているのはつらい、悲しい、つまらない」と思い続けていると、「そんなに生きているのがつらいのであれば、じゃあ、早く死んじゃいましょうね」と、病気になります。

その反対に、**「生きているのが嬉しい、楽しい、幸せ」と言い続けていると、どんどん元気になっていきます**。どうも身体の状態は、心の方向性によって決まるようです。

たとえば、花粉症。花粉症の人を観察し続けて、気がついたことがあります。それは、花粉症の人は、「完全主義者が多い」ということです。「物事をすべて完璧にしないと気が済まない」という人は、どうも花粉症にかかりやすいようなのです。

先日、講演会でこの話をしたところ、

「今日の花粉症の話は納得ができません。私は花粉症だけど完全主義者ではないからです。何をやってもできないので、いつも自己嫌悪で落ち込んでいます」

と言った人がいます。「できないことにがっかりして落ち込んでいる」としたら、それは「完全主義者」だからです。完全主義者ではない人は、うまくいかなくても、落ち込みません。

完全にできる人を完全主義者というのではなくて、「いつも、完全に、完璧にやらなければいけない」と思っている人のことを完全主義者というのです。

人間はもともと、不完全です。ですから、いつも100点を取ることはできません。100点満点で「92点取れたから嬉しい」と考える人と、「8点足りなくて悔しい」と考える人がいます。「8点足りない」と言っている人は、完全主義者です。

完全主義者の人は、完璧に物事をやらなければ気が済まないと思っている人です。そのせいか、スギ花粉が目の前を通り過ぎて行くときに、どうも黙って見送ることができないみたいです。見逃せばいいのに、全部吸い込んでおかないと気が済まないらしい（笑）。

花粉症であり完全主義者の人と一緒に、流しそうめんを食べに行ったことがあります。この人は、とてもおもしろい。目の前を流れていくそうめんを、一本たりとも逃がさないのです。ずーっと追いかけていって、最後の一本まですくい取って食べています（笑）。

だから、花粉症を治そうと思うのなら、完全主義者をやめて「いい加減な人」（よい加減の人）になることです。

「ほどほどに、自分の能力に見合った自分の生き方をする」ようにすると、花粉症の症状が緩和されることがあるようです。

20年間花粉症に悩まされていたある男性は、私の話を聞いて、「たしかに、頑張りすぎていたかもしれない。完璧を求めすぎていたかもしれない」と思い、なるべく力を入れず、「いい加減」に過ごしました。

すると、その年は、例年の「15〜20％程度」しか、症状が出なかったそうです。

第6章

A God in the Magic Word "Arigato"

「ありがとう」の奇跡

038

自分の力で努力する人の力量は「1」、「ありがとう」を言う人の力量は「100」

人間は、『A型人格』と『B型人格』に分かれます。A型、B型といっても、血液型の話ではありません。私たちの人格を便宜上「A型」「B型」の2つにくくって、それぞれの特徴について考えてみましょう。

・A型人格……「責任感・正義感・使命感・義務感が強い」

自分にも他人にも厳しい。
お風呂は熱め、コーヒーはブラック、ウイスキーはストレートが好き。
カレーは辛口が好き。
眉間にシワを寄せ、口はへの字、耳たぶがなくて切り立っている。

・B型人格……「競わない、比べない、争わない」

協調性がある。
お風呂はぬるめ、コーヒーはミルク入り、ウイスキーは水割りが好き。
カレーは甘口が好き。
いつも笑顔、口角が上がっていて、耳たぶが垂れ下がっている。

「A型」は厳しいタイプ、「B型」は緩いタイプです。小学校、中学校、高校、大学の教育は、基本的に「A型」をつくるためのシステムです。

「A型」の基本的な価値観は「努力」です。私たちは、学校でも家庭でも、「努力すること」を教わりました。そして、『努力』の反対語は『怠惰』と教わりました。

ですが、「努力」とは、見方を変えると「自分の力しか信じない」ということです。自分の人生をつくっているのは、「自分の力（努力）である」という考え方は、おごり、高ぶり、うぬぼれ、傲慢です。「努力をする人生」は、常に今の自分を好きになれず、「まだまだ、もっともっと」と満たされない人なのではないでしょうか。

私の長女は、知的障害を持っています。この子は、努力をすることも、頑張ることも、必死になることもありません。「A型」の価値観でこの子を見たら、「まったく価値がない」ことになります。

でも実際は、この子がニコニコ笑っているだけで、まわりの人間は安らいで、温かい気持ちになって、優しい心になれるのです。ということは、人間の本当の価値とは、

「B型」にあることがわかります。

人間は、頑張るために生まれてきたのではなく、「喜ばれる」ために生まれてきたらしい。ヒトは、ひとりで生きているときは「人」。人間は「人の間」に生きているから「人間」なのです。**人の間で、何かを頼まれて、それをやってあげて、「ありがとう」と喜ばれることがなければ、自分ひとりで頑張っても意味がない**。それは単なる「エゴ」かもしれません。

「努力」の反対語は「怠惰」ではありません。努力の反対語は、「感謝」です。「自分の力」などなく、「まわりの人によって生かされている」と気づくことが「感謝」です。

自分の力で頑張って努力をする人の力量は「1」。一方で、100人に「ありがとう」と手を合わせれば、「ありがとう」を言われた人が味方になってくれるので、力量は「100」になります。1000人に「ありがとう」を言えば、「1000人（せんにん）」の力を得ることができて、「仙人《せんにん》」のようにすごいことができる。

だとすれば、自分の努力はどうでもいいから、自分のエネルギーのすべてを「ありがとう」に使ったほうが得、というのが私の結論です。

039

「ありがとう」を言い続けると、また「ありがとう」と言いたくなる現象が降ってくる

まえにも書いたように「神様」は、「喜ばれると嬉しい」というエネルギーだけの存在です。ゆえに宇宙では、「その人がいつも言っている言葉」が「その人の好きな言葉だろう」と思って、「もっとたくさん言わせて、喜ばせてあげたい」という法則が働いています。

仮に「つらい、苦しい、悲しい、つまらない、嫌だ、嫌いだ、疲れた」と、「不平不満、愚痴、泣き言、悪口、文句」や、怨み言葉、憎しみ言葉、呪い言葉ばかりをいつも口に出して言っていたとします。すると「神様」は、

「この人は、『つらい』とか『苦しい』という言葉が好きみたいだ」

と考えて、

「その言葉がそんなに好きなのなら、その言葉を言いたくなるような現象を用意してあげよう」

という働きかけをはじめるらしいのです。その人に嫌がらせをしているわけではあり

ません。「神様」に「感情」はありませんから、ただ、「日常的にいつも口に出している言葉を、たくさん言わせてあげよう」と思うだけです。

「〇〇〇〇になりたい」とか「〇〇〇〇がほしい」というように、「なりたい状態」や「手に入らない状態」を言い続けていると、来年もまた「〇〇〇〇になりたい、〇〇〇〇がほしいと言い続ける状態」を起こし続けてくれるらしいのです。

「神様」は「その人が発した言葉」に反応して、「その言葉を、また言いたくなる現象」を起こします。言ったことが叶うのではなく、「言った言葉をまた言いたくなるように神様がセットするらしい」というのが、私が掌握した「宇宙の法則」です。

「神様」は、「その人が好きな言葉を」を認識し、「その人がまた言いたくなる」ように働きかけているだけです。であるならば、「嬉しい、楽しい、幸せ、愛している、大好き、ありがとう、ついてる」といった「喜びの言葉」（私はこれらの言葉を、七福神ならぬ「祝福神《しゅくふくじん》」と名付けています）を口にしたほうが「得」です。

「ありがとう」を年間1万回言ったとします。すると、「この人は、『ありがとう』を言うことが好きみたいだ」と思った「神様」が、「ありがとう」と言いたくなる現象を「来年も1万個降らせてくれる」らしい。

「神様」は、宇宙法則の番人です。どんなときも「こうすると、こうなる」「こうしないと、こうならない」という「宇宙の法則」にのっとった働きかけをしています。人に罰を与えたり、祟《たた》ったりすることはなく、「感情」も持たず、あくまでも「法則」に従って、「否定的な言葉を言う人には否定的な現象を、肯定的な言葉を言う人には肯定的な現象を降らせている」のです。

このことがわかっていると、「神様を使いこなす」ことができます。「使いこなす」という言い方は「神様」に失礼な言い方かもしれません。ですが、ひれ伏したり、信仰したり、信奉したりしなくても、たくさんの「ありがとう」を口にするだけで、「神様の力」を自由に味方につけることができそうです。

040

「ありがとう」は、心の中で思うより、「口に出した」ほうが、何倍ものパワーを持つ

「ありがとう」を繰り返し言っていると、また「ありがとう」と言いたくなるような現象が起きます。

しかも、「ありがとう」を言うときに、「心は込めなくてもいい」というのが私の考えです。

「心を込めなくても大きな効果が得られる」ところが、「ありがとう」のすごいところです。

たとえば、自分に意地悪をする姑《しゅうとめ》に、心から「ありがとう」を言うのは難しいかもしれません。

でも、「心を込めなくてもいい」と教わると、気兼ねなく「ありがとう」と言えるでしょう。「姑」にではなく、宇宙に対して「ありがとう」を発信するつもりで言えばいい。その結果、姑との関係は驚くほどよくなっていきます。

ある方から、次のような質問をいただいたことがあります。

「『ありがとう』と口に出してはいても、心の中では反対のことを考えることがあります。心と言葉は裏腹で、『ありがとう』と言いながら『ふざけるな』『嫌いだ』と否定的に考えてしまうときがあるんです。心の中がどうであれ、とりあえず『ありがとう』と言っていれば、神様は味方をしてくれるのでしょうか……？」

心の中で思う力（＝想念）よりも、「口に出した力」のほうが、はるかに大きなエネルギーを持っています。ですから、心の中で何を考えていたとしても、「ありがとう」を口に出したほうがいいと思います。

喫茶店に行って、「コーヒーを飲むぞ、コーヒーを飲むぞ」と心の中で強く思いながらも、「紅茶をください」と口に出せば、出てくるものは「紅茶」です。

「あなたは今、『紅茶をください』と言いましたが、心の中では『コーヒーを飲むぞ』と考えていましたね」と言って、コーヒーを持ってくる店員がいるでしょうか？　いません。

「想念の力」が「1」だとすれば、「言葉の力」は、1万倍にも、1億倍にも、1兆倍にもなります。

想念よりも言葉のほうが、相手に伝わる力は大きい。もし、世界の人口約70億人が「コーヒーが飲みたい」と思いながらも「紅茶をください」と言えば、70億人全員が「紅茶を飲む」ことになるはずです。

心を込めなくてもいいから、「ありがとう」をたくさん言っている人には、「ありがとう」と言いたくなるようなことが、次から次へと起きてくることになります。

目の前に嫌いな人がいて、心の中では「この人のことが嫌いだ、苦手だ、このやろう」と思っていても、「ありがとう」と言ってみる。言われた相手はきっと「感謝された」と思うはずです。

腹の中が煮えくり返っていても「ありがとう」と言い続ける。そうすれば、まわりの状況を楽しめると思います。

041

「おかえしの法則」で、人は元気になる。

か……「感謝」
え……「笑顔」
し……「賞賛」

人間にエネルギーを与えてくれるものが「3つ」あります。

①「（か）感謝」……「ありがとう」と感謝されること
②「（え）笑顔」……笑顔を向けられること
③「（し）賞賛」……「今日はステキな服を着ていますね」などと、ほめられること

です。私はこの3つの頭文字を取って「おかえしの法則」と名付けました。どうも、この3つを与えられると、人は元気になるらしい。

この3つの反対の概念として、「不平不満」「不機嫌」「あらさがし」があります。これらは、まわりの人間のエネルギーを奪い取るものです。

不機嫌な顔をして、不平不満を言い、相手の悪いところをあらさがしして指摘すれば、相手は元気を失ってしまうでしょう。反対に、元気のない人には、「か（感謝）・え（笑顔）・し（賞賛）」を注いであげれば、元気になっていきます。

元気のない人に向かって「頑張って」と声をかけてしまうと、「その人がそれまでやってきたこと」の多くを否定していることになります。「今のあなたは、十分にすばらしい」と言ってあげることで、結果的に、その人は元気を取り戻すようです。

「感謝」「笑顔」「賞賛」をたくさん浴びたものは、「プラスのエネルギー」を貯めているのだそうです。エネルギーダウンしている人が、その前に立った瞬間、エネルギーが体の中に流れ込んでくるらしい。

たとえば、富士山は、何十億という人の賞賛を浴びてきました。膨大な賞賛を浴びてきたものは、膨大なプラスのエネルギーを貯め込んでいます。

「富士山を見ると、元気になる」という人は、富士山が貯め込んだエネルギーをいただいているからです。

骨董品も、美術品も、エネルギーを貯めやすいようです。何百年も賞賛を浴びてきたものは、それだけで価値があります。

人間もエネルギーを貯め込むので、ふだん、「感謝」「笑顔」「賞賛」をたくさん与えてまわりの人を元気にしておくと、自分がエネルギーダウンしたときに、周囲の人から元気をもらうことができます。風邪を引いたり、体調がすぐれないときは、「エネルギーがダウンしている状態」なので、この3つのエネルギーを吹き込んであげると、元気になるらしい。

友人知人に3つのエネルギーを浴びせていると、「あの人のそばにいると元気になる」と思われて、どんどん人が集まってくるようになります。

反対に、不平不満、不機嫌な顔、あらさがしをしていると、「あの人のそばにいると、元気が失われる」と思われて、どんどん人が去っていくようになるのです。

商売をしている人は、「人が集まるだけ、商品が売れる」わけですから、勝手に売れるようになります。

周囲の人に「感謝」「笑顔」「賞賛」を浴びせると、自分にとっても得だということです。

042

神社は、「お願いをするところ」ではなく、「ありがとう」を伝えるところ

伊勢神宮の近くで講演を頼まれた際、講演がはじまる前に伊勢神宮に詣でたときのことです。

以前『天才たちの共通項』（宝来社）という本を書きましたが、その本の共著者である中村多恵子さんと出版社の小野寺大造《おのでらたいぞう》社長ご夫妻と連れ立って4人で詣でました。

拝殿で1分間ほど手を合わせ、帰ろうとしたとき、拝殿に掛けてあった白い布（とばり）が、持ち上がったのです。

風が吹いていたわけではありません。まわりの木々を見渡しても、まったく揺れていません。それなのに、90度くらいまで、金属板のようにまっすぐ固まったまま、スーっと上がりました（1分間ほどその状態が続き、布が下りるときも、鉄板のようにまっすぐになりました）。

「不思議なこともあるもんだな」と思い、伊勢市の講演会でお話をしたところ、伊勢市の方が、こんなことを言っていました。

「ダライ・ラマ氏が伊勢神宮を訪れ、手を合わせて帰ろうとしたときにも、同じように布が上がったそうです。霊的な力を持っている人が参拝をした場合、白い布が上がることがあるようです。ですが、今まで90度上がった例は聞いたことがありません。神様から祝福されたのかもしれませんね」

この一件は、私たち4人が霊的にすぐれていた、という話ではありません。私たちがそうだったように、「誰でも、神の祝福を受けることができる」のです。

じつは、神社というのは、「お願いごと」をしに行くところではなく、「感謝」をしに行くところです。

私たち4人が伊勢神宮を詣でたときも、誰ひとり「お願いごと」はしませんでした。1分間、ただひたすら「ありがとう」を言い続けたのです。

そもそも「祈り」の本来の意味は、「意《い》」に「宣《のりと》」と書き、「意宣《いの》り」であり、「意のままに沿う」こと。つまり「あなたの仰せに従います。あなたが望むように生きています。ありがとうございます」という意味でした。

そして「願い」は、「ねぎらい」が語源です。「ねぎらい」とは、「希望を叶えてください」ではなく、「よくしてくださってありがとうございます」と感謝することでした。

「祈り」も「願い」も、「夢や希望を叶えてもらいたいとき」に使う言葉ではありません。どちらも、神や仏に対して、「すでに、たくさんの恵みをいただいています。ありがとうございます」と感謝を伝える言葉なのです。

神社は、「○○○をしてください」「○○○を叶えてください」とお願いをするところではありません。「今の自分がいかに恵まれていてありがたいか」を「感謝しに行く場所」ということになります。

ただ自分が生かされていることに感謝し、手を合わせて「向こう側」に伝えることで、神様を味方に付けることができるようです。

043

「ありがとう」をたくさん言われると、食べものも、人格も、「マイルド」に変わる

岐阜県に住む小学3年生の女の子が、夏休みの自由研究で、「植物や食べものに『ありがとう』という言葉をかけると、生育や味にどのような影響があるか」について、実験をしたそうです。イラストや写真を使って、細かく記録してレポートにまとめました。

２００種類に及ぶ食べものに「ありがとう」と「ばかやろう」を、それぞれ１００回ずつ呼びかけるという実験方法です。

たとえば、チョコレートを使った実験では、「甘いチョコレート」と「苦みのあるチョコレート」の2種類を用意。

「甘いチョコレート」に「ばかやろう」を１００回言うと、「さらに、ものすごく甘くなった」そうです。

彼女のお父さんやお母さんに食べてもらったところ、「甘すぎて、喉ごしも悪く、もう食べたくない」という結果でした。

そして、**「ありがとう」を１００回言うと、甘さがマイルドになった。**

一方、苦みのあるチョコレートに「ばかやろう」と100回声をかけると、苦みが増したそうです。ご両親は今度も、「喉ごしが悪くて、もう食べたくない」と言った。

次に、苦みのあるチョコレートに「ありがとう」と100回声をかけると、苦みがマイルドになっていました。

このように、200種類の食べもので実験をしたところ、「マイルド」というキーワードに行き着いたそうです。**「ありがとう」という言葉にたくさん触れたものは、どんどん「マイルド」になっていったそうです。**

このレポートを見せていただいて、私はとてもおもしろく感じました。また、彼女自身が楽しんで、「ありがとう」の言葉が持つ不思議な力を研究している様子が伝わってきたので、この女の子に、「ありがとう博士号」を授与しました（笑）。

コーヒーでいちばん高級といわれている豆は、「ブルーマウンテン」です。

ブルーマウンテンの特徴は、「酸味も苦みも突出しておらず、何も特徴がないこと」。ただ、「マイルド」なのです。

喫茶店のマスターの腕は、酸味や苦みを持つ豆を焙煎《ばいせん》したりブレンドしたりすることで「穏やかなマイルドな味」にしていくことです。

「高級」とか「一流」と称されるものに共通しているのは、「マイルド」であること。

人間も、怒鳴って怒って、すごい気迫を発している状態から、「穏やかでマイルドな方向に向かっていく」ことが、「人格を高める」ということなのでしょう。

044

朝起きて「ありがとう」を１００回言うと、脳は、「ありがとう」と言いたくなる現象を１００個探し出そうとする

朝起きて、ベッドから降りる前に
「ありがとう、ありがとう、ありがとう、ありがとう……」
と、１００回言ったとします。

すると脳は、「不安定な状態」になります。「ありがとう」を言いたくなるような現象が起きているわけではないのに、「どうして『ありがとう』なのか」がわからないからです。

そして、合理的な理由や説明がないと不安定になって、「ありがとう」の理由を探そうとします。

「天気がよくて、嬉しい」
「朝ご飯がおいしそうで、嬉しい」
「お味噌汁に豆腐が入っていて、嬉しい」

と、目にするものに対して、「ありがとう探し」をはじめます。

どうやら、先に「ありがとう」を100個言っておくと、「ありがとう」の現象がないのに、現象を一所懸命探そうとするようです。

脳は、先に口にした言葉に対して、不条理・不合理を認めず、合理的な事実に当てはめて解釈しようとする働きがあります。

先に「ありがとう」と言ってしまうと、その瞬間から、脳は「ありがとう」を探しはじめるようにできているそうです。


起きてから1時間たって、100個「ありがとう」を見つけたら、もう一度、「ありがとう」を100個言ってみる。すると脳はまた不安定になって、「100個の現象」を探しはじめます。

反対に、朝起きたときに、「つらい」「悲しい」「苦しい」「つまらない」「嫌だ」と20回言ったとします。すると脳は、今度も合理的な理由を探しはじめます。

「どうして今日は雲ひとつないんだ。暑くてしかたがないじゃないか」
「頼んでもいないのに、朝ご飯が用意されている」
「お味噌汁の具はどうして豆腐なんだ。ワカメのほうがいい」

と、あらゆるものに、「つらい」「悲しい」「苦しい」「つまらない」「嫌だ」の原因探しがはじまります。

「ありがとう」と言いたくなるような現象が起きていなくても、まず、「ありがとう」を言う。すると、「ありがとう」を言った数だけ、「ありがとう」の原因を探し出すことになります。

ということは、**1日中「ありがとう」と言っていれば、脳はずっと「ありがとう探し」をするわけですから、「ありがとう」に満ちあふれながら1日を終えることができるでしょう。**

045

人生は、「修行の場」としてではなく、「感謝の場」として存在する

ある方から、「この世は修行の場なのですね。この世では、我慢や忍耐をして生きていかなければならないのですね。目の前の出来事はすべて修行のために存在しているのだから、立ち向かったり、乗り越えなければならないのですね」という質問をいただきました。

「人生＝修行」ととらえてもかまいませんが、宇宙の構造としては、「修行の場」として設定されているわけではありません。

私たちの目の前に起きる現象は、すべて「ゼロ（中立／ニュートラル）」なのではないでしょうか。

物事をとらえる力を「認識力」と呼ぶなら、認識力が上がるにしたがって、この世の中を「3つの段階」で解釈するようになります。

①第1段階……「この世は、修行の場である」

目の前の現象は、「私」に修行をさせるために存在している。「人生は苦しみに満ちている」と悲嘆にくれるより、「苦しみや悲しみを乗り越えていくしかない」と考える人のほうが、まだ一歩前進していると思います。そう思うことで気持ちがラクになるのであれば、そのようにとらえてもいいと思います。ただ、本質的には、この世は「修行の場」ではありません。

②第2段階……「この世は、喜びの場である」

私たちが肉体を持って生まれてきたのは、「人生を喜ぶためではないか」と考えることもできます。このように認識することができたら、認識力は「3分の2（100点満点中の66点か67点)」まで行ったといえるでしょう。

③第3段階……「この世は、感謝の場である」

100点満点中の99点、あるいは100点のとらえ方は、「この世は修行の場でもなく、幸せや喜びの場でもなく、じつは、感謝の場である」ことに気づくことです。

たとえば、自分の会社が倒産し、職を失ったとします。そのとき、「自分はこういう状況に耐えて、我慢し続けることで人生の修行をしている」と、「第1段階」のとらえ方をする人がいてもおかしくありません。

ところが、認識力が「第2段階」まで上がっていると、「この会社を辞めて新しい仕事ができることは、とても嬉しく、楽しく、幸せなことだ」と思うようになります。

そして、認識力のいちばん奥にある「第3段階」では、「新しい仕事を探さなければいけなくなったからこそ、天職や天命に出会える」と、「会社が倒産したこと」にも感謝できるのです。

私は、「感謝の場だととらえるべきだ」という「べき論」を言っているのではありません。「修行の場」だととらえることで、人生が楽しくなるなら、それでもいい。

しかし、**「修行の場」と思うよりも「この世は感謝に満ちている」と考えることでラクに生きられるのであれば、そのように認識を変えればいいと思います。**

現象自体はゼロです。「修行」でも、「喜び」でも、「感謝」でも、どんな色をつけても自由です。自由とは「自ら由《よ》る」と書きます。自由のとらえ方、認識の力が、この世の評価を決めるのです。

046

人間は、人に迷惑をかけながらでしか、生きていけない存在である

「人に迷惑をかけてはいけない」という考え方があります。ある方は、

「人に迷惑をかける生き方をしたくない。自分も人に迷惑をかけない分、人に迷惑をかけて生きているような人は許せない。とくに暴走族などは、人に迷惑ばかりかけているのではないか」

と憤っていました。**私はこの方が、「自分は人に迷惑をかけてない」と言い切っていたことに違和感を覚えました。**

「自分は人に迷惑をかけてない」という考え方の中には、

「私は、自分の力だけで生きている。私は正しく生きている」

という概念が含まれています。

でも、本当にそうでしょうか？

人間は、たくさんの人、物、動植物に、迷惑をかけながら生きているのではないでしょうか。生きていくために、米や麦を何百万粒と殺し、魚を何千匹、牛や豚を何頭、何十頭も食べているはずです。

食卓に止まったハエを殺し、道ばたのアリを踏みつけ、腕に止まった蚊を叩き殺しているかもしれません。「私」が生きているために、どれほど他の動物に迷惑をかけてきたのか、わかりません。

「迷惑をかけないで生きる」という考え方は、一面では正しいかもしれません。しかし、もう一歩進んで考えると、

「人間は、他の存在物に対して迷惑をかけていない」ということなど、「ありえない」と気づきます。むしろ、

「迷惑をかけなければ、生きていけない存在である」

と考えることができるのです。

そう考えると、「迷惑をかけないで生きるぞ」と決意するよりも、

「迷惑をかけなければ生きていけないのだから、自分を支えてくれている存在物に対して、心から感謝をしながら生きていく」

というほうが、ずっと前向きではないでしょうか。

「私は誰の世話にもならず、老後もひとりで生きていく」と言った方もおられました。

そういう考えで生きるのもよいと思いますが、人間は、生きているかぎりまわりに迷惑をかける存在です。だとしたら、

「自分は無力でたいしたものではないのだから、人に迷惑をかけながらでしか生きられない」

と思い、まわりのすべてに感謝し、手を合わせて「ありがとう」と言いながら生きていくほうが、ずっとラクに生きられるような気がします。

第7章

A God in the Magic Word "Arigato"

人間関係が楽しくなる

047

人間は、「どうしても許せない人」にさえ、「感謝」することができる

伊豆の伊東で合宿をしているとき、50代の女性から相談を受けました。「50年間、許せない人がいる」というのです。

50代の方が「50年間許せない相手」は、親しかありません。この方は、「どうしても父親を許す気持ちになれない。この恨みや憎しみ、つらい気持ちを取り去る方法はないでしょうか」と悩んでいたのです。

じつは、許さない人自身が、いちばんつらい。**はじめの1、2年は「絶対に許さない」と腹を立てていても、それが10年、20年と続くと、許せない人自身が、ものすごくつらくなります。**この方は、「自分の心をキレイにしたい」と思い、さまざまな勉強会に参加し、あらゆる先生の話を聞いたそうですが、それでも許せるようにはならなかったそうです。そこで、私は聞いてみました。

「どうしても許すことができないのですね」

「許せません」

「では、好きになることなんて、できませんね」

「絶対に好きになれません」

「絶対に好きになれないのですね。では、最後にうかがいます。『感謝』することはできますか？」

彼女は10秒くらい黙っていましたが、その後、涙を流して、それから1時間ほど、泣き続けました。ようやく落ち着き、最初に発したひと言は、

「感謝することはできます」

という答えでした。人間は、50年間許すことができない相手にさえ、「感謝することができる」のです。

嫌いな人、許せない人、好きになれない人がいて、その感情を自分で抑えることができないのなら、許す必要はありません。好きにならなくてもいい。

でも、「感謝することはできるか」を考えてみてください。許せない人でも、3年間、感謝し続けたら、許せるようになるかもしれません。6年間感謝し続けたら、好きになれるかもしれません。9年間、感謝し続けたら、尊敬できるかもしれません。

私にも、かつて、許せない人がいたことがあります。頭の中から「許せない人」という引き出しを開けたら、そこに2人の名前が入っていました。

私は心の勉強をしてきましたので、許そうと思えば、許すことができます（「許す」という表現は傲慢ですが、ここでは、一般的に「許す」という言葉を使います）。

しかし「許したくないから、心のメカニズムを働かせたくない。そんなエネルギーを使いたくない。この人たちを許さないままでもいい」と思い、封印していたのです。

ですが、「この2人を許せなくても、『感謝』はできるだろうか？」と考えてみると、**「謝ったり、頭を下げたりするのは1㎝でもしたくないけれど、感謝をして頭を地面につけることならできる」**と思った。なぜなら、その2人のおかげで、人間的に成長できたからです。

みなさんの中にも、「許せない人」「嫌いな人」がいると思います。その気持ちを抱えて生きるのは、しんどいことです。ならば、「感謝」という切り口からその人を見てみたらどうでしょうか。「感謝」できれば、憎しみの対象はいなくなるかもしれません。

048

大好きな人と結婚した人ほど、「離婚率」は高くなる

結婚には、次の「4つのパターン」があります。
①大恋愛結婚
②恋愛結婚
③お見合い結婚
④いいなずけ婚

「①大恋愛結婚」と、「②恋愛結婚」の違いは、周囲の反対があったかどうか、です。親、親戚、上司、同僚などから「絶対に、やめたほうがいい」と反対があった場合を「大恋愛結婚」、反対されずに祝福された場合を「恋愛結婚」といいます。

では、この4パターンの中で、「もっとも離婚率が高い」のは、どのパターンだと思いますか？

一番離婚率が高いのは「大恋愛結婚」、2番目に離婚率が高いのが、「恋愛結婚」、3番目が「お見合い結婚」で、一番低いのが「いいなずけ婚」です。

どうも、「自分の好き嫌い」が入れば入るほど、離婚率が高いようです。結婚相手は、「自分が、ただひたすら人格を磨くため」に存在しているらしく、好きな人と結婚したからといって、幸せになれるわけではありません。

自分で好きになった人を追いかけて、「ついに妻にした」「ついに夫にした」という結婚は、「意外に別れやすい」と思ってください。自我を通して結婚した場合は、「自分が中心」にあるため、自分が相手を嫌いになると離婚につながります。

反対に、「結婚してください」と言われた人に対して「はい、わかりました。私を選んでいただいて、ありがとうございます」と手を合わせて感謝した場合は、長続きするようです。

1000組以上の仲人《なこうど》をして、「1組も離婚をしてない」という方がいます。この方は、「どうやって男女を選んで引き合わせているのか」というブライダル雑誌の取材に、次のように答えていたそうです。

「女性に条件をつける男性も、男性に条件をつける女性も選びません。『相手が女性

なら誰でもいい』『相手が男性なら誰でもいい』と考えている男女だけを引き合わせています」

この方の発言には、「結婚の本質」が隠れていると私は思います。

結婚相手が自分に合うか合わないか、ではなく、「自分の問題」だということです。

条件をつけたり、わがままを言ったりしている人は、誰と結婚してもうまくいかないでしょう。男性運がないのも、女性運がないのも、運がないからではなく、自分が条件を振り回しているからです。

それは、結婚のみならず、すべての人間関係、すべての社会関係でも同じです。

「あーだ」「こーだ」と言わないで、「私を選んでくれてありがとう」という心で生きていくことができたら、親子関係も、夫婦関係も、仕事関係も、ものすごくラクになると思います。

その人間関係の中で「私を選んでくれて、ありがとう」と言えるようになったら、問題が起きることは少なくなるはずです。

049

そもそも日本人は、「競わない、比べない、争わない」で、助け合って生きてきた民族

そもそも日本人は、「草食動物の教育」を受けてきたはずです。米、麦、粟《あわ》、稗《ひえ》を食べ、キリンやシマウマや象や羊やヤギのように、仲間を大事にして、寄り集まって生きてきました。

「競わない、比べない、争わない」で、「よき仲間」に囲まれ、助け合いながら生きていく。これが「草食動物」の特徴です。

一方で西洋人は、「肉食動物」です。

「肉食動物」のライオンやトラや狼は、とても攻撃的で、ときには仲間同士で殺し合うことさえあります。

日本人は明治以降、「競い合う、比べる、争う」という西洋的な「肉食動物の教育」を教え込まれてきました。「足りないものを手に入れ、向上し、人よりも抜きん出ること」が、「人生の目的」だと教え込まれてきたのです。

けれども、日本人は、そもそも「草食動物」の遺伝子を持っています。ということは、「肉食型」の西洋的な解決方法は、日本人には適していないのではないでしょうか。

事実、「草食動物」としての優しさを持っている人は、肉食型・西洋型の社会に適応できなくなっているような気がします。

学校でも社会に出てからも「西洋的な解決方法」しか知らないため、苦しみ続けてしまい、なかには病気になってしまう人もいます。

次に、「東洋的な解決方法」は、

「世の中は、『そもそも思いどおりにならないものである』と思い定めること」です。

妻も夫も、子どもも、上司も部下も、社長も社員も、「思いどおりにならないんだ」と思い定める。これが「東洋的な解決方法」です。

「競って、比べて、争って、自分の思いどおりにしよう」とするのではなく、「世の中はそもそも、思いどおりにならないものである」と諦めて受け入れるという、「草食型」の日本人に適した解決方法です。

「諦める」というのは、言葉の語源でいうと「宇宙の法則を自分の中であきらしめる（明らかにする）」ことです。

「宇宙がそういうふうになっているのなら、しょうがないよね」と理解することであり、「諦観《ていかん》」とは、「諦めの観察」＝「悟り」のことをいいます。

050

問題を生み出さない5次元的な解決方法は「気にならない」

何かの問題に出合ったとき私たちは学校で、「3つの解決方法」を教わってきました。

・解決法①「戦うこと」
↓相手を説得し、屈服させて、自分の意を通す
・解決法②「逃げ出すこと」
↓「嫌いな上司、苦手な人がいるから、会社を辞める」などの方法
・解決法③「我慢する」
↓どんなに理不尽なことを言われても、「しょうがないから」と我慢する

3次元的には、この3つの解決方法しか取れません。3次元とは、物質社会・経済社会のことです。

ところが、4次元的には、もうひとつの解決方法があります。それは…、

「気にしない」

という方法です。4次元には、精霊や守護霊《しゅごれい》がすんでいると考えられています。

じつは、5つ目の解決策が5次元に存在しています。5次元とは、神や仏がすむ世界らしい。神、仏レベルの解決方法は、じつに単純です。それは

「気にならない」

という方法です。「もともと問題を認識しない」「はじめから問題だと感じない」という解決方法です。「問題を問題だと認識しなければ、問題を生み出さない」という考え方です。

仮に私が、「や〜い、ヤセ！」と言われたとします。このとき、事実を指摘されたのですから、私は腹が立ちません。逆に、「や〜い、デブ！」と言われたとしたら、それは事実ではないので、やはり腹は立ちません。

つまり、事実であれば腹は立たないし、事実でないならば腹は立たない。どちらも腹は立たないから、「気にならない」のです。

問題を問題としない人格、まったく気にならない人格をつくり上げることが、問題の根源的な解決につながる気がします。

西洋文明の基礎になっているキリスト教には、

「右の頬を打たれたら、左の頬を向けよ。復讐の心を持ってはならない」

という教えがあります。この教えもすばらしいのですが、東洋的な思想の具現者であるお釈迦《しゃか》さまならどう言うか、ずいぶん考えてきました。

そして最近になって、私なりに、「お釈迦さまならこう考えるのではないか、こう言うのではないか」という答えが出てきました。それは、

「頬を打たれないような人になりなさい」


というものです。24時間365日、すべての人に寛大、寛容、公平、平等に、そして、すべての人に同じ笑顔、同じやさしさ、同じ慈《いつく》しみで接したならば、誰がその人の頬を叩くでしょうか。

問題が生じたから解決するのではなく、もともと問題が生じないような生活を送ることで、根源的な問題解決ができるのだと思います。

051

「この人は、こういう人だ」と丸ごと認めれば、すべての人間関係はうまくいく

人間関係をオールマイティーに解決する方法が、「2つ」あります。

①自分のまわりの人をすべて「人格者」に変えてしまうこと

「人格者」とは、どんなことに対しても、笑顔を絶やさず、温かさを持って接することができる人です。

ただし、この方法だと、ひとりの人格を変えるために、説得につぐ説得を重ねる必要があります。自分のまわりの人をすべて説得しようとすると、時間がかかりすぎてしまうため、現実的ではありません。

②自分が「人格者」になってしまうこと

他人を変えるのは、大変なことです。なかなか変わってくれませんし、仮に変わったとしても、「こちらの思うようには、変わってくれない」ものです。

ですが、「私」が変わることは簡単です。変えるべき相手も「自分ひとり」ですから、自分が変わりたいように変わればいい。

イライラしたくない、腹を立てたくない、人と争いごとをしたくない、人から何かを言われたときに気にするような自分ではありたくない、と思うのであれば、「自分が希望する自分」をつくり上げればいいわけです。

自分を変えることでいちばん得をするのは「自分」です。なぜなら、その人格でいることが自分にとって心地よいのですから。

損得勘定で考えてみても、もっともラクで、楽しく、簡単に人間関係の悩みを解決できる方法は、

「自分を変えること」＝「自分が人格者になること」です。

自分のまわりにいる人を、「自分の思いどおりに、気に入るように変えたい」と思うから、人間関係はうまくいかなくなります。

すべての人間関係をうまくいかせるには、「その人は、その人である」という、そのことをまるごと受け入れることです。

目の前の人が、自分の考え、生き方、価値観とは違うことを認める。説得しようと

か、理解してもらおうとか、思わないほうがいいようです。

ある女性が、私に、こんなことを言いました。

「結婚して15年たつのですが、夫を変えるには、まず、自分を変えることなのですね」

たしかに、自分が変わるほうが、夫婦関係（人間関係）はスムーズにいきます。ですがそれは、相手を変えるためではありません。

この女性は勘違いをしているようです。夫を変える必要などないのです。**夫を変えるのではなく、「この人は、こういう人だ」とまるごと認めてしまえばいい**。そのほうが、自分にとってラクだと思います。


「どうしてうちの妻は口ごたえばかりするのだろう」と思い、口ごたえをしないように説得にかかる夫がいます。説得するのではなく、「この人はきっと、言いたいことがたくさんあるのだろう。だから自分はただ黙って聞いてみよう」と思って聞きはじめると、妻は夫が言いたいことを聞いてくれるので、口ごたえをしなくなるのではないでしょうか。

052

「自己顕示欲」「復讐心」「嫉妬」を持つ人は、人を遠ざけてしまう

人間は、そもそも「たいしたものでない」のに、成長していくにつれて、心の中に「3つの感情」が芽生えてきます。

①自己顕示欲
②復讐心
③嫉妬

です。この3つは、人からもてはやされて、高い評価を受けるにようなった頃に出てきます。

これらはすべて「マイナスのエネルギー」であり、神様から嫌われる性質です。

自分のことを「たいしたものだ」と認識したいと思うから、「自己顕示欲」が湧いてきます。

みんなが自分のことを「たいした人だと認めるべきだ」と思っているから、そうならないときに、「嫉妬」が芽生えます。他の人がちやほやされているのを見て、「どうして自分にはそうしないのか」という思いが、「嫉妬」です。

また、人から何か気に入らないことをされたとき、それを「5倍、6倍にして徹底的に嫌がらせをしてやるぞ」と思う気持ちが、「復讐心」です。

先日、高い技術を持った人にお会いしました。その人の実力は、たしかに誰もが認めるところです。しかし、話を聞いていると、「自分がどれほどすごい人か」という話に終始していました。

自分の話ではなく、「技術」の解説をしていたら、聞いている人はさらにその人を尊敬したでしょうし、その人は、さらに「喜ばれる存在」になっていたでしょう。

ところが、「雑誌に紹介された」「有名人と知り合いだ」という自慢話が続いたのです。

どれほど「すごい実力」を持った人でも、口から出るのが「自分がどれほどすごい人か」という自己顕示欲、「自分はこんなにすごいんだけど、別の人が評価されているのは許せない」という嫉妬、「いつか見返してやるんだ」という復讐の言葉ばかりなら、誰も話を聞きたいと思いません。

「自己顕示欲」「復讐心」「嫉妬」の3つの感情を持つ人は、損をしている。とても、もったいないと思います。

「どれほどすごい人物か」というのは、自分から話さなくても、伝わるものです。**「すごい実力」を持っているのだったら、ただ黙って行動で示せば、誰もが認めてくれるでしょう。**

053

多くの人から尊敬されるには、「知識」「知恵」「知性」の3つが必要

人は、「3つの知」がそろって、はじめて尊敬されるようになります。

「3つの知」とは

①**「知識」**
②**「知恵」**
③**「知性」**

です。

ひとつ目の知は、「知識」。「知識なんかいらない」「知識は邪魔だ」と言う人もいますが、人間には、最低限の「知識」が必要です。

2つ目の知は、「知恵」。私が考える「知恵」とは、「知識」をいかに日常生活に埋め込むか、実践するか、ということです。「知っている」ことを「実践する」ことが「知恵」です。

たとえば、「一《いち》期《ご》一《いち》会《え》」という言葉は、「一生涯でこの人と会うときは、この一度だけと思いなさい。生涯で最後かもしれない。だから、その人を大事にしなさい」という教えですが、それを知っていることは、「知識」です。「目の前の人を大事にし、大切に扱う」ことを実践して、はじめて「知恵」になります。

たくさんのことを勉強し、知ってはいても、実践しない人がいます。一方で、何も知らないけれど、笑顔で「実践」している人がいます。どちらが「実践者」でしょうか？

勉強をして「知識」を身に付けるのは楽しいことです。けれど、どんなにすごいことを知っていても、「実践」していなければ、「知らない」のと同じではないでしょうか。

仕事も順調で、人間関係も良好。健康にも問題がないとき、ニコニコすることは誰にでもできます。

しかし、**仕事も家庭もトラブル続きで、家族とも同僚ともケンカばかりしている、体調も悪い、そんなときにニコニコしていられるかどうかが、まさに「実践」なのです。**

「知識」を持ち、それを実践して「知恵」にすれば、それなりに賞賛されたり、評価されたりするでしょう。ですが、「尊敬」されたり、「敬愛」されることにはなりません。

「尊敬」や「敬愛」を集めるには、3つ目の知である、「知性」が必要です。

「知性」とは、わかりやすく言うと、「謙虚さ」のこと。**どれほど賞賛され、どれほど評価されても、決して威張らない、自惚《うぬぼ》れない、慢心しないことです。**

「実るほど　頭《こうべ》を垂れる　稲穂かな」ということわざがあります。「人間も、学問や徳が深まるにつれ謙虚になる」というたとえです。

社会的な地位や評価、身分、経済的優位性を身に付けると、人は自分を見失い、「謙虚さ」を保つのが難しくなります。

認められれば認められるほど、頭を垂れる。これが私の考える「知性」＝「謙虚さ」です。「知識」と「知恵」に加えて「知性」を持つ人は、多くの人に尊敬されることでしょう。

054

「ひたむきさ」「誠実さ」「奥深さ」を満たしてから辞めるのが、会社の正しい辞め方

会社には、「正しい辞め方」があります。

どんな会社に勤めていても、必ず何度かは、「辞めたい」と思うことがあるでしょう。

ですが、「会社」を辞めるときは、「喧嘩別れ」をしないほうがいい。「喧嘩別れ」をして辞めた人は、次の会社でも、「喧嘩別れ」をします。喧嘩をする時期が早いか、遅いかだけで、「喧嘩別れ」をする人は、早晩、会社や上司と喧嘩をします。


私は、「転職をしてはいけない」と言っているのではありません。会社勤めをしているうちに、自分の才能や新しい方向性が見えることもあるでしょう。そういう積極的で前向きな動機なら、転職するのも、独立するのもいい。しかし、「喧嘩別れ」の末に辞めるのはお勧めできません。**自分が勤めた会社は、すべて、「自分の味方」にしたほうがいい**。そうすれば、会社を辞めたあとでも、あなたの「応援団」になってくれると思います。

勤めた会社を自分の味方にするためには、「3つの『さ』」を覚えてください。

「ひたむきさ」「誠実さ」「奥深さ」の「3つ」です。

「ひたむき」で「誠実」な仕事ぶりなら、その会社を辞めても評価は残ります。さらに「奥深さ」があれば、あなたは「魅力的な人」として、上司からも同僚からも「生涯ずっとつき合っていきたい存在」になれるでしょう。

・**「ひたむきさ」**

……「この仕事をやってほしい」と言われた際、拒否したり、わがままを言ったり、異議を唱えたりせず、自分に与えられた仕事を実直にこなす。自分の意見を述べるときは、すべての要求に100％応えてから。

・**「誠実さ」**

……約束を守る。対外的に表明したこと、口にしたことについて、できるかぎり努力をする。やる気のないことについては、軽率に口にしない。

・**「奥深さ」**

……仕事とは関係のない「自分の世界」（趣味など）を持つ。鉄道に詳しい、絵が描ける、観葉植物に詳しい、俳句をつくる、アニメのことなら何でも話せる、など、ほかの人がとても及ばないような独自の世界を持っている人は、「おもしろい」し、「魅力的」に映る。

今のあなたが、「辞めたら、この会社には二度と来ないだろう。同僚や上司とのつき合いもなくなるだろう」という状態なら、辞めるのは先に延ばして、「よい関係」になってから辞めたほうがいいと思います。

会社を辞めたいと思ったら、「3つの『さ』」を満たしているか、よく考えてみてください。満たしていなければ、どこの会社に移っても、同じことの繰り返しです。

会社を辞めてからも、笑顔で「こんにちは」と訪れることができて、みんなからも「元気か」と笑顔で迎えられるような「退社」ができるように、「3つの『さ』」を充実させてから会社を辞めてはどうでしょうか。

055

究極の愛の形は、「ただ、相手のそばにいてあげる」こと

自分の存在が「感謝」され「喜ばれる」という幸せを味わってしまうと、至上の喜びを感じることができます。

では、「自分の存在が感謝される」ためには、何をすればよいのでしょうか。坂道を歩いている人の荷物を持ってあげるとか、高齢者に席を譲るのも、いいでしょう。

しかし、究極的には、

「その人のそばにいてあげること」

ではないでしょうか。

「仁《じん》」という文字は、「人が二人」と書きます。「人が2人いる」という意味です。

私は、「仁」こそ、究極の愛の形であると同時に、いちばん簡単な愛の形であると考えています。

「仁」とは、

「ただ、その人のそばにいてあげる」

こと。時間的に、距離的に、地理的にそばにいるのはもちろんのこと、たとえ距離が離れていても、「精神的」にいつもその人のそばにいてあげることです。

究極の愛とは、おそらく「仁」です。

特別なことをしなくてもいい。

フランスの宗教史家、ルナンが残した「イエス伝」によると、イエスは、4月3日の朝、ピラトの官邸に連れて行かれ、午後3時頃に絶命します。

ルナンは、イエスの生涯を、次のように記しているそうです。

「イエスはこの世では無力だった。何もできなかった。ただし、苦しむ人を見捨てなかった。孤独な老人のそばにじっと腰掛けていた。女たちが泣いているとき、そのそばにいた。自分を裏切った者に、恨みごとひとつ言わなかった。イエスの生涯は、ただそれだけだった」

イエス・キリストは、「仁の塊だった」といえるのではないでしょうか？

「あなたが苦しくてつらいときには、電話をしてきてもいいですよ」と口で言うだけでなく、実際にそのようなことがあったら、どんなに忙しくても、どんな時刻であっても、笑顔で対応してあげる。

それを「仁」というのだと思います。

第8章

A God in the Magic Word "Arigato"

すべてを受け入れる

056

「3秒」で、どんな悩みでも解決する方法

私は、30歳のときに結婚しました。子どもを授かったのは、33歳のとき。ようやく授かった子どもに、「よろこび」を表す「慶《けい》」のつく名前を用意して、待っていました。

生まれてきた子どもは、「知的障害児」でした。

医師から、「手術をしても、薬を飲んでも、リハビリをしても治りません」と宣言をされたあと、**私の視力から、「色」が奪われました。**その医師を含む部屋中の風景が、モノクロになっていたのです。白黒だけの世界です。

それから半年間は、視力がモノクロのため、季節感もなくなり、花の色、緑の色、木の肌の色、人の顔色もまったくわかりません。窓の外を眺めても、晴れているのか、曇りなのか、雨なのか、見ただけではわからないのです。

当時の私は、苦しみの中にいました。悩んでいました。なぜなら、子どもに障害があるという事実を「受け入れることができなかった」からです。

「慶《けい》子《こ》」が生まれて半年ほどたったある日、私が目にした新聞記事のひとつに、次のようなことが書いてありました。

「新生児の600人に1人は、障害を持って生まれる。ということは、将来、自分の子どもが障害児として生まれてくる可能性がある。そのときのための心構えを持っていたほうがよい」

私は、この短いコラムを読み終えたあと、こう思いました。

「慶子ちゃん、うちに生まれてきてよかったね。600人に1人、障害児として生まれてくるのであれば、慶子ちゃんは、どこかの家を選んで必ず生まれなければならなかった。そのときに、小林家の両親を選んだというのは、ものすごくよい選択をしたと思う。私は障害がある子をいじめたりしないし、私の妻もやさしい人だから、差別をしたりはしない。慶子ちゃんは、そういう両親を選んで生まれてきたんだね」

そう思った瞬間、失っていた視力の「色」が戻りました。風景に色が付いたのです。

私自身が「障害」や「障壁だ」と思っていた大きな悩みは、「私の認識だけの問題」でした。「慶子ちゃん、よかったね」と受け入れた瞬間に、その問題は消滅したのです。

生まれてからわずか半年後に、慶子は私に大きなことを教えてくれました。

「悩み・苦しみは、目の前の現象を否定し、受け入れないところから生じている」

私たちが、目の前に起きている現象を受け入れれば、悩みも、苦しみも、存在しません。私自身が慶子に対して、「この子はこれでいい。この子はこれで十分に幸せではないか」と受け入れた（感謝した）瞬間、私の悩みはなくなりました。

どんな悩みも消し去る「3秒」の方法があります。その方法とは、

・1秒目……**過去のすべてを受け入れること**
・2秒目……**現在のすべてを受け入れること**
・3秒目……**未来のすべてを受け入れること**

これで終わりです。自分に起きたことやこれから起きることは、すべて自分が成長するために必要だと思うこと。目の前の状況を受け入れれば（感謝できれば）、悩みも苦しみもなくなって、ラクに生きることができるでしょう。

057

「幸せ」と「不幸」はワンセット。一般的な「不幸」は、「幸せ」の前半分である

丸1日、山の中で遭難をして「何も食べられなかった」とします。その1日があったからこそ、助かったときに口にした「一杯のお粥」が、この上なくおいしく、楽しく、幸せなものになります。

しかし、毎日、贅沢な食事ばかりしていたら、一杯のお粥の価値はわかりません。一杯のお粥に喜びを感じるためには、その前に、一般的に「つらくて悲しいこと」と言われる現象が存在しなければならないのです。

「空腹」の結果として、「おいしい」という幸せが存在します。空腹の度合いが大きければ大きいほど、「おいしさ」も増加します。つまり、**「おいしい」という幸せを味わうには、「空腹」という不幸を味わわねばならないのです。**

「空腹」と「おいしい」は、独立した現象として存在するのではありません。「空腹」と「おいしい」はワンセットであり、「空腹」は「おいしい」の前半分の現象だと考えることができます。

「幸せ」を「私」が感じるためには、その前半分の現象として、世間一般的に「つらく悲しい」と言われる出来事が必要です。「山で遭難した」という現象があったからこそ、一杯のお粥の温かさに「幸せ」を感じることができたのです。

私の講演会を主催してくださる方が、お正月に手首を骨折してしまいました。私はそのことを知って、「骨折をしたのは、はじめてですか？」と尋ねました。今までの人生で骨折をしたことはなく、「生涯に一度の出来事」だったそうです。

私が「骨折してから数ヵ月後に、すごい出来事がありませんでしたか？」と聞くと、「ありました！」と答えました。

その方は俳人なのですが、骨折をしてから、権威のある「俳句雑誌」の巻頭を飾ったのです。俳句仲間からは、「あの雑誌に選ばれるなんてすごい。おめでとう」と、お祝いの言葉をたくさんいただき、「一生に一度の快挙」だと感じたそうです。

この方にとって、「手首の骨折」は、「雑誌に選ばれる」という幸せの「前半分」です。生涯に一度しか起きないようなこと（大事件や大事故）に遭った人は、それから半年以内に、その代償を支払ったことの「本体」がやってくるようです。自分にとって「嬉しくて、楽しくて、幸せ」だと思えることが待ちかまえているのです。

10年に一度しか起きないような「つらい体験」をした人は、その半年以内に「10年に一度しか起きないような、嬉しい体験」をするようです。

「前半分」と「後ろ半分」で必ず「幸せのワンセット」になっています。ですから、「つらいこと」があったときは、「嬉しいこと」の先払いをしていると考えてみたらどうでしょうか。

ただし、この先払いシステムには、ひとつだけ条件があります。「喜びの本体」を受け取る前に、「不平不満・愚痴・泣き言・悪口・文句を言わない」ということです。恨み言や不平不満を言うと、せっかく代金を先払いしたのに「商品（本体）」が届かない」ことにもなりかねません。

誰が見ても「大変だ」と思うことが起きても、ありのまま受け入れる（感謝する）。文句を言わない。その実践ができている人だけに、「先払い現象」が起きるようです。

058

幸も不幸も存在しない。そう思う「心」があるだけ

たとえば、ガラスのコップを見たとき、100人が100人とも「これはガラスのコップである」ことがわかります。

お箸を見たとき、100人が100人とも、「これはお箸である」ことがわかります。

茶碗を見たとき、100人が100人とも、「これは茶碗である」ことがわかります。

では、100人が100人とも、「これは『幸せ』である」とわかるものは、あるのでしょうか？


すべての人が、絶対的な価値を持って「幸せだ」と思えるものは、存在しません。

Aさんにとっては「幸せ」なことが、Bさんにとっては「幸せではない」ことがあります。

「幸せ」は、個人にのみ帰属するものです。**「幸せの本体」がどこかにあるのではなく、私が「幸せ」と思えば「幸せ」に、「不幸」と思えば「不幸」になります。**個人が「これは私にとって幸せである」と決めたときに、その人にとっての「幸せ」になるのです。

このコップの水は半分しかない。だから「不幸だ、不愉快だ」と思う人がいてもいい。その反対に「半分あって嬉しい、楽しい」と思っても、あるいは、「半分残してくださってありがたい」と思ってもいい。

「コップの中に半分の水がある」という現象に価値を決めているのは、受け取る側の「心」です。幸せも、不幸も、外的なもので決まるのではなく、「心」のあり方で決まります。

「つらく」「悲しく」「むなしい」と思う事実は、じつは、存在していません。「そう思う心があるだけ」です。ですから、「つらく」「悲しく」「むなしい」ことは、「そう思い、そう決めつけた自分の結論」です。

30年間病気をしたことのない人が、盲腸で2週間入院をしたとします。

そのとき、「病気になったことは、不幸だ」と考えることもできますが、「2週間まとめて休むことができたので、すごく元気になった」というとらえ方もあります。

「2週間会社を休んだ」という現象自体はニュートラル（中立）であり、何の評価もついていません。「本人のとらえ方」が、評価（幸か、不幸か）を決めているのです。

ひとつの現象や出来事に、プラスもマイナスも、幸も不幸もありません。**すべての人が、「幸せだ」と言える出来事や現象があるのではなく、自分が「幸せだ」と思った瞬間に、そう思った人にだけ「幸せ」が生じるのです。**

「幸せ」とは、存在するものではなく「感じるもの」です。結局のところ、私たちが、目の前の現象をどう思うか、感じるかであって、普通に歩けることが幸せだと思った人には、幸せが1個。目が見えることを幸せだと思った人には、幸せが2個手に入る。

耳が聞こえて幸せ、口で物が食べられて幸せ、鼻で呼吸ができて幸せ……と考えていけば、「幸せ」はいくらでも手に入ります。

すべての人に共通する「幸せ」はありません。ひとえに「私」が「幸せ」を感じるかどうかで、「幸せ」が存在するかが決まるのです。

059

「今日」という日は、特別な日。
「もっとも経験を重ねた日」であり、
「もっとも未熟な日」でもある

「今日」という日は、「2つ」の特別な日が重なった日です。

ひとつは、「もっとも経験を重ねた日、もっとも知恵がたくさんある日」です。

「今日」の私は、これまでの人生の中で最長老であり、最ベテランであり、最古参である、と言えます。「私」という人生を振り返ったとき、「今日」の私ほど、経験を積んだ人はいません。


その、**「もっとも経験を積み、もっとも知識を持った自分」が下した判断は、その日の時点では、「すべて100％正しい」と考えることができます。**

その日の「私」の判断は、余人を持って替えられない。すべての環境や条件や状況がわかっていて、自分の人生の過去も現在もすべて知り尽くしている「私」でなければ、その判断はできなかったのです。

半年前や1年前の判断に対して、「もっとあしておけばよかった」「こっちではなくあっちを選べばよかった」と思うこともありますが、そう思えること自体、「自分が進歩・向上している証」にほかなりません。半年、1年の間に自分が以前よりも成長し、大きな判断力を身に付けたことになります。

逆に、今日を含めた未来を考えたとき、「今日」は、「もっとも未熟な日」です。「今日」の私は、もっとも未熟であり、最若年者であることに気がつきます。それがわかったとき、「もっと勉強しよう」「もっと向上しよう」と思うようになるでしょう。「今日」は、過去の人生の中でもっとも優れた「最高位の自分」と、未来に向けてもっとも未熟な「最年少の自分」の「2つ」が重なった特別な日なのです。

「人生」を「天上界へと続く階段」に喩《たと》えてみます。

生まれたときが階段のいちばん下です。途中まで上った「現在」から下を見ると、今の自分は「もっとも高いところ」にいます。

半年前、1年前の自分を見下ろして「ああすればよかった」と悔やんでしまうのは、「今の私」から見ると、半年前、1年前の自分が未熟に見えるからです。

けれどそれは当たり前で、未熟に見えないほうがおかしい。だから、後悔も反省もしなくていいのです。

ところが、階段の上を見ると、今の自分は「いちばん低いところ」にいます。だから、常に「謙虚」になることが大切です。

過去の自分の判断に後悔をする人は、未来のことをあまり考えていないような気がします。自分を磨いたり向上させたりすること以上に、過去を悔やみ後悔することにとらわれているようです。自分を高めようとしない人にかぎって、過去を振り返ってばかりいます。

過去に自分が下した判断は、正しかった。その時点では「最高の自分」だったのですから、「完全に100％正しかった」のです。

過去を悔やむことをやめて、未来に向けて「いかに自分を磨くか、向上させるか、成長させるか」を考えてみてはいかがでしょうか。過去を振り返るより、「今の自分がどれだけ未熟か」を認識しながら、謙虚に生きていくことにしましょう。

060

「51%対49%」なら51%をとる、「50%対50%」ならどちらをとってもいい

多くの人は、「悩み」や「苦しみ」を抱えています。**「悩み」や「苦しみ」を突き詰めていくと、本質的には「迷い（選択できない）」であることがわかります。**

2つの選択肢が
「51％対49％」なら「51％」のほうを、「52％対48％」なら「52％」のほうを選べばいい。どれほど差が小さくても、「大きいほう」を選べば、自分の望みに近くなります。
ところが、「50％対50％」のときは、どちらにしていいか決めかねて迷い、結論が出せなくなります。だから、悩みます。

「ヨーロッパの牧場で、羊が1匹、山小屋で餓死をした」という寓話《ぐうわ》があります。

餓死といっても、餌がなかったわけではありません。山小屋の入口には、干し草がたくさん積まれていました。

入口の右側には、「大好きな干し草が少しだけ」あり、左側には「あまり好きではない干し草が、たくさん」あったそうです。

では、どうして羊は、餓死したのでしょうか。

「どちらを食べればいいか、選択できなかった（＝迷ってしまった）」からです。

羊は、こう考えました。

「右側のおいしい干し草を食べても、量が少ないから、お腹はいっぱいにならないかもしれない。左側にある干し草を食べればお腹はいっぱいになるけれど、おいしくない。はじめに右側の干し草を食べても、そのあとで左側の干し草を食べたら、もっとまずく感じるだろう……」

羊にとって、右側の干し草も、左側の干し草も、「50％対50％」の価値だったから、迷ったのです。

でも見方を変えれば、「50％対50％」は、自分にとってどちらも同じ重さ（価値）のはずです。だとすれば、

「どちらを選んでもいい」

ことになります。

右側の干し草も左側の干し草も同じ価値なのだから、餓死するくらいなら、どちらを食べてもよかったのです。

AとB、どちらを選ぶかで迷ったとき、その2つが自分にとって同じ価値なら、コインを投げてみればいい。表が出たらA、裏が出たらBにすればいいのです。

コインを投げる前に、「Aになるのはいいけれど、Bになるのはちょっと……」と思ったとしたら、答えは出ています。「AのほうがBよりも重い」証拠なので、Aを選べばいい。

人間の悩みは、「迷い」から生じています。私たちも「山小屋で餓死した羊」と同じようなことで、悩み苦しんでいるのかもしれません。

「51％対49％なら、51％をとる。50％対50％なら、どちらをとってもいい」

そのことがわかっていれば、「どちらを選ぶか？」で悩むことはなくなります。

061

過去も、未来も考えなくていい。今、目の前の「人、こと、もの」を大事にする

３人の方から、相談を受けました。

「2年間、就職活動をしているのですが、まったく採用されません。どうしたらいいでしょうか？」という30代男性。

「早く結婚したいのですが、どうしたらいいでしょうか？」という30代女性。

「末期ガンで余命３ヵ月なのですが、どうしたらいいでしょうか？」という50代女性。

この３つの質問に対して、私は、同じ回答をしました。

「今、『自分がどういう状況に置かれているのか』について感想を持つ必要はないし、評価論評はいりません。**今、自分がやるべきことは、自分の目の前にいる人を大事にすることです**。やるべきことがあったら、それをやればいい。結婚も就職も死も、今、自分の目の前にないのだから、考えなくてよいのではありませんか」

ガンであと3ヵ月の命なら、それをどうやって半年、1年と延ばそうかを考えるのではなく、３カ月の間に「どれだけの人に喜んでもらえるか」をひたすら考えればいいい。「3ヵ月後に死ぬ」ことに、関心を持たなくていいのです。

日々の一瞬一瞬を楽しんで生きていれば、余命がどれくらいあろうと、関係がありません。

「結婚すること」ばかり考えている人には、誰も結婚を申し込みません。結婚のことしか考えていないので、目の前の人、こと、ものを大事にしていないからです。

結婚相手であろうと、なかろうと、目の前にいるすべての人に対して、「自分のできること」を一所懸命やっていたら、必ず誰かの目にとまるはずです。

2年間、無職の男性は、「自分に合った仕事がわからない。どんな仕事を選べばいいのか?」と言い続けていましたが、仮に私が社長でも、彼を採用することはなかったでしょう。なぜなら彼は、「まったく笑わない」し、「無表情」だし、「自分から話しかけない」からです。

もし彼が、笑顔で挨拶をして、みんなにおもしろい話をして、目の前のやるべきことをやっていたら、彼に興味を持つ経営者が雇ってくれたかもしれません。

私たちは、過去のことも、未来のことも考える必要はありません。

私たちの人生は、3秒前も、2秒前も、1秒前も過去です。この瞬間だけが「今」です。

だとすれば、過ぎてしまった過去について考える必要がありません。

また、「明日」という日は、永遠に訪れません。一晩寝て、起きたら「今日」です。

「念」という文字は、「今」の「心」と書きます。

「念」とは、今、目の前にいる人、目の前にあることを大事にする心のことです。

「過去」を悔やむことはなく、「未来」を心配することもなく、「念を入れて生きる」。

「念」を入れた生き方は、必ず「未来」につながっていくでしょう。

今、目の前にいる人を大事にする、目の前にやるべきことがあったら、ただ、ひたすら大事にやっていく……。私たちにできることは、ただ、それだけのようです。

062

「色《しき》即《そく》是《ぜ》空《くう》」。

世の中の現象は、すべて「空《くう》」

般若心経《はんにゃしんぎょう》（仏教の基本聖典で大乗仏典《だいじょうぶってん》のひとつ。玄奘三蔵《げんじょうさんぞう》の訳では262文字）の中に、「色即是空《しきそくぜくう》」という言葉があります。

「色《しき》」とは、形あるもの、目に見えるもの、手につかめるもの、といった意味です。狭い意味では「肉体」を指し、色欲、色情という意味にもとられていますが、もともとは、「物体であること」を意味しています。

「空《くう》」とは、何も存在しないこと、実体のないこと、うつろなことの意味です。

すなわち「色即是空」とは……、

「形あるもの、目に見えるもの、命あるものは必ず滅する。常なるものはなく、無常である。常に同じものはない。形あるものはない」

とする解釈が主流です。

ですが私は、**「お釈迦《しゃか》さまは、もう少し違うことを伝えたかったのではないか？」**と思っています。

「色」とは、「幸、不幸」「軽い、重い」「大きい、小さい」といった評価や論評を加えた状態のことをいうのではないか。

そして、「空」とは、評価も、論評も、性格付けもされていない中立の状態をいうのではないか……。

私たちが「楽しい」とか「つまらない」と評価している現象は、実体として独自に存在するわけではありません。淡々とした「何の色もついていない空の現象」が続いているだけです。

お釈迦さまは、

「現象はもともとニュートラルであり、ゼロであり、色がついていない。それなのに、私たちの心が、『遠い、近い』『重い、軽い』『つらい、楽しい』『悲しい、嬉しい』といった色をつけているにすぎない」

ということを言いたかったのではないでしょうか。

「200ccのコップに、100ccの水が入っている」状態は「空」です。100ccの水を「半分しかない、悲しい」と思うことも、「半分もある、嬉しい」と思うことも、ひとつの「色」であると、お釈迦さまは唱えているように思います。

弘法大師《こうぼうだいし》は、その名を「空海《くうかい》」といいました。この名前が、「すべての現象が空（性格付けがされていないニュートラルなもの）であり、私たちの世界は『空《くう》の海《うみ》』である」

ことを示していたのだとしたら、本当にすごい名前だったことになります。

すべてが「空」の世界で、評価論評をしているのは、「私」です。色のついていない現象を指して、「これは気に入った、これは気に入らない」と解釈する自分がいるだけです。

ということは、「空」である現象を「嬉しい、楽しい、幸せ」ととらえれば、過去のことも、今日以降のことも、すべて幸せに感じるのではないでしょうか。

063

「ならなくてもいいけど、なったらいいな」と執着を手放すと、実力以上の「力」が使える

アフリカで、チンパンジーやオランウータンを生け捕りにするときに、用いる罠があります。

どんな罠かというと、土を固めて小さな小山をつくり、そこに「チンパンジーやオランウータンが手をいれられるくらいの穴」をあけておくのだそうです。そして、穴の中に彼らが好む「バナナ」や「木の実」を入れておきます。

チンパンジーやオランウータンはそれを見つけると、穴の中に手を突っ込みます。そして、「バナナ」や「木の実」をつかみます。その穴は、何もつかんでいないときは手を出し入れできるのですが、ものをつかんで拳を握ったときには、引っ張り出せない程度の大きさになっているそうです。

ですから、手を放せばすぐに逃げることができます。**しかし、チンパンジーやオランウータンは、一度つかんだ獲物を決して手放そうとはしません**。だから逃げ出せなくなり、生け捕りにされてしまうわけです。

この話をすると、多くの人が「手を放せばいいのに」とチンパンジーやオランウータンの浅ましさを笑いますが、しかし、よく考えてみると、私たち自身も、「チンパンジーやオランウータン」と同じなのかもしれません。

私たちは、たくさんのものを手に入れようとしてもがき苦しみ、それゆえに、まるで、何かに縛られたり、とらわれているように思えるのではないでしょうか。

「こうでなければ嫌だ」「どうしてもこうなってほしい」と思うことが、「執着」です。その執着は、自らの手で、むんずとつかむことからはじまっています。

執着から逃れるのに、努力はいりません。努力してつかんでいるその手を放しさえすればいい。それだけで私たちは、自由になれるのです。

ある出来事を「どうしても達成したい、実現したい」と思うことは、「思い」にとらわれていることにほかなりません。「こうでなければ嫌だ」とつかむのではなく、「そうなったらいいな。ならなくてもいいけど、なったらいいな」

「そうなると嬉しいな、楽しいな」

と思ったとき、人は、不思議な力（潜在能力）を発揮することができるのです。

「こうならなきゃ、嫌だ」と思うと、脳波が「β《ベータ》波《は》」になって、実力でしか物事に取り組むことができません。

一方で、**「そうなったらいいな」と思ったときは、脳波が「α《アルファ》波《は》」になって、実力以上の力を使いこなすことができます**。

執着やこだわりから解き放たれた人を、日本語で「ほとけ」と呼びました。

「ほとけ」の語源は、「ほどけた」「ほどける」からはじまったと、いわれています。

つまり、「自分を縛るもの（＝執着）」から放たれた人が、「仏《ほとけ》」なのです。

第9章

A God in the Magic Word “Arigato”

「神様」を味方にする

064

「そこから先は、神の領域」

私は、ノートに書き写すことは滅多にありませんが、三《み》浦《うら》綾《あや》子《こ》さんのエッセー『生きること思うこと』（主婦の友社）を読んで、「これはいい言葉だ」とヒントを得て、自分のノートに書き写した言葉があります。その言葉とは……。

「そこから先は、神の領域」（※三浦綾子さんが実際に書かれた言葉は「いまより後のことは神の領分だ」）

私は、この言葉を、いつも思い出すように生きています。結局、私たちにできることは、「うたし」な人（嬉しい、楽しい、幸せ）、キレイな人、謙虚な人、素直な人、誠実な人という5つの人格を目指すことであって、「そこから先は神の領域」なのです。

私は、年間300回ほどの講演会をやっているので、よく「疲れないのですか」と聞かれます。それに対し私は、「このまま疲れ果てて死んでいきます」と答えています。「じゃあ、講演を断って半分ぐらいにして、長生きすればいいじゃないですか」と言う人もいるのですが、私の場合は、「そこから先は神の領域」。頼まれたことは、「はいはい」、と言いながら淡々とやっていって、疲れ果てて死ぬ、というだけのことです。

もし、ガンになった人が、「ガンと闘うぞ」と決めたとすると、神の領域に踏み込んで闘おうとするから、つらい。仮にガンになって、「3ヵ月、4ヵ月で死ぬ」と言われたら、「そこから先は神の領域と、腹をくくる」という考え方もある。すべてのことについて、「そこから先は神の領域」と考えると、ずいぶんラクになります。

「手の届く範囲の身のまわりをキレイにする」「謙虚に物事を考える」「誠実に生きる」ということは、自分ですることができる。**しかし、「そこから、何が生まれるのか」「そこから先、自分の人生はどうなるのか」ということについては、「そこから先は神の領域」で、「人間がコントロールできる領域」を超えたところ…なのかもしれません。**

ありとあらゆることに、「どういう意味があるのでしょうか?」「何か私に教えようとしているのでしょうか?」と、私に問いかけてくる人がいます。

「交通事故で追突された。どういう意味があるのでしょうか?」

「病気で1週間仕事を休んだ。どういう意味があるのでしょうか?」

「友人にお金を貸したけれど返ってこない。どういう意味があるのでしょうか?」

それは、質問という形をとって、「自分が気に入らないこと」を言っているだけです。

「これが気に入らない」「あれが気に入らない」「これが思うようになってない」と愚痴や泣き言を言っているにすぎません。質問の形をとってはいても、「どういう意味があるのか」と言うこと自体、現象を否定しています。

だから、私はその人に、「そんなことにいちいち関心を持たなくていいと思います。ただ、淡々とやって生きていけばいい」と、言い続けています。

「その意味が、その意味が」と言っている人は、結局、受け入れていないだけです。「気に入らない、気に入らない」と言っていることにほかなりません。

三浦綾子さんは、結核、ガン、パーキンソン病にもなりました。それでも「これはどういう意味があるの」と、いちいち問いかけませんでした。「そこから先は神の領域」という思想があったから、心穏やかに生きていくことができたのだと思います。

思いどおりにならないのは、「思い」があるからです。「思い」をなくして、「自分が頼まれてやるはめになったこと」については、何も考えないで、「はい。わかりました」と言いながらやっていけばいい。そう思っている人は、ストレスがたまらない。ストレスがたまらないから、ラクに生きることができるのです。

065

守護霊《しゅごれい》は、あなたのことが好きで好きで、あなたが喜ぶように手を貸してくれる

いつも、「私」を見守ってくれている存在＝「守護霊《しゅごれい》」は、自分がもっとも気に入っている人にくっついて、その人を支援するようです（どうやら、守護霊さんは、私たちの右脳の上45度、40㎝のところに、22㎝の塊として存在しているらしい）。

私たちが、目の前の現象に対して、「ありがとうございます」「嬉しい、楽しい、幸せ」と言っていると、守護霊さんは、「私」を喜ばそうとして、さまざまな現象を起こしてくれます。

ところが、「不平不満・愚痴・泣き言・悪口・文句」を言い続けていると、守護霊さんはしょんぼりして、膝を抱えて座ってしまうらしい。

守護霊さんは、この人のことが好きで好きで、この人が喜ぶように手を貸してくれます。あちこちの守護霊の意見を聞いたり、営業活動をしたり、走り回ったり飛び回ったりしながら、私たちを喜ばすために一所懸命にやっています。

ですから、目の前の現象に文句を言うことは、守護霊さんのやったことを否定することになる。自分の自我やわがままで、「これは好き、これは嫌い」と言っていると、守護霊さんはしょんぼりして、やる気をなくすみたいです。

守護霊の姿を見たという方がいます。故・中川昌蔵《しょうぞう》さんという方です（大阪・日本橋の中川無線電気という会社の創始者であり、会長：当時）。

中川さんとは、1週間ほど、ある宿にこもりインタビューをさせていただいたことがあります。中川さんは実際に守護霊を見たらしいのですが、「不平不満・愚痴・泣き言・悪口・文句」を言った瞬間に、膝を抱えてしょんぼりしたそうです。

しかしおもしろいことに、守護霊に「あるひと言」を言った瞬間に、ニコッと笑って再び応援してくれたといいます。そのひと言とは、

「ありがとう」

です。「不平不満・愚痴・泣き言・悪口・文句」を言った結果として、守護霊さんの支援を受けられなくなった。自分ひとりの力で戦わなければいけない状態になって

「どうもうまくいかない。何をやっても天上界は支援をしてくれない」と思ったとき、空に向かって「ありがとう」を言うと、守護霊さんが戻ってきてくれます。

守護霊さんの存在が確認できると、「自分の努力や頑張りで人生が成り立っている」という考えが根本から変わります。

「私」の人生というのは、生まれながらにシナリオがあり、それを守護霊さんが、私以上に膨大な力で成り立たせてくれているのです。

守護霊は、精霊の一部ですが、ひとつの精霊の能力は、私の感覚では、「10の68乗」人分あるみたいです。

私たちがどんなに必死に頑張っても、せいぜい、3人か5人分が限界でしょう。だとしたら、「ありがとう」を言って、精霊（守護霊）を味方につけたほうがずっと得だと思いませんか？

066

お釈迦《しゃか》さまの能力も、エアーズロックも、「神様の存在」を裏付けるもの

お釈迦《しゃか》さまの知能を現代の心理学で測定したとすると、知能指数（ＩＱ）は「約３００」だと考えられそうです。

知能指数の平均は１００。90〜１１０までが普通で、それ以上は知的発達が進んでいることを示しますが、それでも通常は１４０くらいが最高値です。

「連続した分布」の結果として知能指数３００の人がいるとするならば、知能指数が１５０の人がいて、１６０の人がいて、１７０の人がいて……、２００の人がいて、２１０の人がいて……、２５０の人がいて、２６０の人がいて……その先に知能指数３００のお釈迦さまがいることになります。ですが、実際には１４０くらいが上限。ときに１７０くらいの人が現れたとしても、普通は２００台はいないわけです。

そう考えると、知能指数３００というお釈迦さまは、明らかに「連続した分布」からは、かけ離れすぎていて、まるで、突然、ポンと現れたような存在です。

ということは、お釈迦さまの能力は、「神様によって与えられたもの」であり、神

様の存在を裏付けるものだといえそうです。

オーストラリアの中央部に「エアーズロック」と呼ばれる岩山があります。高さ348メートル、周囲の長さは約9・4キロメートル。世界で2番目の大きさの「一枚岩」です。

現地を訪れ、エアーズロックをこの目で見てきた私は、ガイドさんに言いました。

「この岩は、おかしい」
「この岩は、論理的ではない」
「この岩は、理不尽な存在である」

なぜ、論理的ではないのか。
それは、エアーズロックのまわりに「砂漠しかなかった」からです。
348メートルの岩山があるのなら、その近くに300メートルの岩山があってもおかしくありません。250メートルの岩山や200メートルの岩山、150メートル、100メートルの岩山があってもおかしくありません。

348メートルのエアーズロックが「さまざまな高さの岩山」に取り囲まれていたのであれば、それは論理的だといえます。けれど、周囲20キロメートル四方にわたって、「ほかの岩山がひとつも見当たらない」というのはとても理不尽であり、不条理であり、論理的ではないのです。

私は帰国後も「エアーズロックはおかしい」「あの岩山はおかしい」と言い続けていました。すると、そんな私に「アボリジニの伝説」を教えてくれた人がいます。

「エアーズロックは、『神が、一夜にしてポンと置いた』と伝えられている」

この伝説を聞いたとき、私の頭の中で騒いでいたものがスッと落ち着きました。本当かどうかは別にして、それならば、「論理的に納得ができる」からです。

067

神様は、キレイ好き

あるとき、私の「お陰《かげ》さま（守護霊《しゅごれい》さん）」から、「神様は、キレイなものが好きだ」というメッセージが、降りてきました。

目鼻立ちが整っていて、顔かたち、姿かたちが整っているキレイな人を、神様は応援するそうです。

そして、神様は、「心のキレイな人」も好きなのだそうです。

この話をすると、「目鼻立ちでは勝負できない。美しい心でも勝負ができない。どちらも勝負ができない人は、どうしたらいいのでしょうか」と聞く人がいます。

安心してください。神様は、

「見た目がキレイな人を応援し、心がキレイな人を応援し、さらに『身のまわりをキレイにしている人』を応援する」

のだそうです。

「キレイな見た目」は、持って生まれた遺伝子によってほぼ決まるので、考えてもしかたありません。

「美しい心」を持つことはできるかもしれませんが、何を持って「美しい」のかが、わかりにくい。

たとえば、「テロ事件があって、多くの人が死んだから、この人たちの仇討ちをするために、派兵を決めた」というのは、「美しい心」なのか、わかりません。非難することもできるし、賞賛することもできます。

私だったら、派兵を命じないでしょう。私たちは、「東洋的な解決方法」を取るためにこの世に遣わされています。

つまり、紛争やトラブルが起きたときに、「西洋型の解決方法」を取らないと決意して生まれてきたらしいので、たぶん、それはやらないと思います。

西洋型の解決方法とは、「競い合い、比べ合って、努力を続けて、思いどおりにする」という方法です。一方、東洋型の解決方法とは、「世の中は、そもそも思いどおりにならないものである、と思い定めること」そして、「思いを持たないこと」です。
ただ、遺族の立場に立って、「亡くなった多くの人の遺族の恨みや悲しみを背負ってやった」ととらえると、「美しい態度だ」と考える人もいるかもしれません。
神様が「美しい心」として何を気に入るのかは、わかりにくいと思います。

しかし、「身のまわりをキレイにする」のは、誰にでもできるのではないでしょうか。「美しい心」のようにわかりにくいものではなく、はっきりと目に見えてわかります。身のまわりを整理整頓すればいい。

とくに、汚れが目立つ「トイレ」と「台所」と「洗面所」をキレイにしておくと、神様が評価してくれるようです。

「身のまわりをキレイにする」ことで神様の笑顔が得られることがわかると、勇気づけられます。「キレイな見た目」と「美しい心」では勝負できなくても、「身のまわりをキレイにする」ことなら、勝負ができそうだからです。

068

「3」「5」「8」という数字には、不思議なパワーが宿っている

お釈迦《しゃか》さまが悟りを開いたのは、「35歳の12月8日の朝」でした。お釈迦さまは4月8日生まれなので、お釈迦さまが悟ったのは、「35歳と8カ月」になったときです。「35歳と8カ月」というのは、数字を並べると、「358」ですが、聖書の中に「666は悪魔の数字で、『358』は聖なる数字」という記述があるらしい。

私は、「3」「5」「8」という数字ととても縁があります。

たとえば、小林正観の「小」の字が3画で、「林」が8画で、「正」の字が5画。今住んでいる家の住所や自宅の電話番号、携帯電話の番号にも、「3」「5」「8」という数字が入っています。

免許証や健康保険証の番号、電話番号、生年月日などに、「3」「5」「8」という数字をたくさん持っている人は、神さまからのメッセージを受けやすいようです。

私のまわりでは、100人を超える人が、銀行口座の暗証番号に「3」「5」「8」を組み合わせた数字を使用しはじめました。

そうしたところ、「その預金口座のお金は、増え続けて、減っていかない」という報告がたくさん寄せられています。

車のナンバーを「358」にしたところ、「燃費が、2割から3割、よくなった」と言っている人もいます。

西遊記《さいゆうき》の中で三蔵法師《さんぞうほうし》（玄奘三蔵《げんじょうさんぞう》）がシルクロードを旅していたときに従者としてお供をしたのが、沙悟浄《さごじょう》（さ＝3）、孫悟空《そんごくう》（ご＝5）、猪八戒《ちょはっかい》（は＝8）の3人です。

徳川家は15代まで将軍が続きましたが、初代（家康）と末代（慶喜）以外でよく知られている将軍は、3代（家光）と5代（綱吉）と8代（吉宗）でしょう。

奈良や京都などを「みやこ（都）」と呼んできましたが、これを数字に置き換えると「385」。

空海が入滅したのは、西暦835年。日本への仏教伝来は、538年。

このように「3」「5」「8」という数字が集まったものには、大きなパワーがあるようです。

私が「お蔭《かげ》さま（守護霊《しゅごれい》さん）」という存在から「お釈迦さまが悟ったのは35歳と

8ヵ月のときである。お釈迦さまは、その358の聖なる数字の年と月を並べて悟った」というメッセージを受け取ったとき、「これを2乗してみてください」と言われました。

358×358＝128164

すなわち、「12月8日の午前6時4分」です。1という数字が中に入っていますが、お釈迦さまは、35歳と8ヵ月の「12月8日の午前6時4分」、朝日を浴びたときに悟ったらしいのですが、偶然そうなっている、と言える人が果たしているでしょうか。

天上界から「そういうふうに組み立ててあります」と言われたから、2乗してみた。やってみたら本当にそうなっていた。

「偶然」にこの数字になる確率は、どれくらいなのでしょうか。

私の話を聞いている人に、東京大学で物理学を学んだ人がいるのですが、このようなことが起きる確率は、どれくらいか聞いてみました。彼は、考え込んでしまって何も言いません。こうした偶然は、天文学的な確率なので、「実際に神様がいる」としか、私には思えないのです。

069

お釈《しゃ》迦《か》さまが悟った「四《し》諦《たい》」を実践すると、悩みや苦しみがなくなっていく

お釈迦《しゃか》さまが悟った道のりはいくつもありますが、その中のひとつに「四諦《したい》」という考えがあります。「4つの諦め」「4つの悟り」のことです。

「諦」という文字は、ある種の心の落ち着きや悟りを示しています。

・第1の悟り……「苦諦《くたい》」
「人生は苦悩に満ちている」という悟りです。

・第2の悟り……「集諦《じったい》」
「執着が、悩み・苦しみの元である」という悟りです。

・第3の悟り……「滅諦《めったい》」
「執着によって、悩み・苦しみが存在しているのだから、執着をなくせば、悩み・苦しみはなくなる」という悟りです。

・第4の悟り……「道諦《どうたい》」

「悩みや苦しみは、こうでなければならない、ああでなければならない、こうすべきだ、という『とらわれ』や『こだわり』が自分自身を縛り付けている状態である。したがって、滅する（執着を捨てる）ということを、日常生活のあらゆる場面で実践していけばよい」という悟りです。

この4つの悟りを実践することで、お釈迦さまは、悩みや苦しみから離れ、「解脱《げだつ》」（悩みや迷いから解き放たれて、自由の境地に到達すること）できたそうです。

ある女性が、私にこんな質問をしました。

「夫が死んでから、7年間納骨していない（お墓に入れていない）のですが、別に、こだわる必要なんかありませんよね？」

私の答えは、こうです。

「こだわらなくてもよいのですが、ではなぜ、『納骨しないぞ』と7年間も頑張り続けているのですか？　こだわらなくてよいのであれば、納骨してもよいではありませんか」

予想外の答えが返ってきて、その方は一瞬ショックを受けたようですが、「よくわかりました」と笑顔で話が収まりました。

「いろいろなことにこだわらなくてよい。執着しなくてよい。そうすれば悩みや苦しみがなくなるのではないか」という考え方は、悩みや苦しみの根源を絶つという意味で、とても重要なことだと思います。

しかし、「こだわらなくていい」という部分だけを逆手にとって、常識的ではないことをずっとし続けることも、逆にこだわりなのではないでしょうか。

納骨するのがよいとか、悪いとか、そういうことを言っているのではありません。**ただ、こだわったり、とらわれたりすることが、悩みや苦しみの元になっているのではないか、ということを言いたいのです**。そのひとつひとつの「こだわり」や「とらわれ」がなくなったら、人間は本当にラクになることができるでしょう。

070

トイレの神様が、お金を運んでくる言葉、
「おんくろだのう　うんじゃくそわか」

これも、私の守護霊《しゅごれい》さんと考えている存在が教えてくれた話です。それぞれの家には、「7人の神様」が着くそうです。家が新築されると、7人の神様が走ってきて、自分の担当する部屋を決めるらしい。

一番早く着く神様は、応接間の担当になります。部屋の中でもっとも見栄えがよく、お金がかかっていて、カッコイイ。だから「応接間」を選びます。

2番目に着いた神様は、次にお金がかかっていて見栄えがいい「玄関」を担当します。3番目に着いた神様は「居間」、4番目に着いた神様は「寝室」を担当します。

残りは、3カ所。台所、洗面所とお風呂、トイレといった、水まわりです。

5番目に着いた神様は、水まわりの中でも格が高い、「台所」の神様になります。

6番目の神様は、「洗面所とお風呂」をひとりで担当します。

7番目に着いた神様は、担当するところが「トイレ」しか残っていないので、トイレを担当します。

どうして、神様の到着時間がバラバラなのかというと、「持ってくるもの」が違うからです。

1番目の神様……何も持たず、手ぶらで、脱兎《だっと》のごとく走ってくる
2番目の神様……小さな紙袋くらいのお土産を持ってくる
3番目の神様……セカンドバッグのようなものに、お土産をつめてくる
4番目の神様……小さなナップザックを背負って走ってくる
5番目の神様……ちょっとしたリュックサックを持ってくる
6番目の神様……リュックサックの中に、大きな、ものすごい塊を入れてくる
7番目の神様……山男が背負うような、後ろが全部見えなくなるほどの大きなリュックを背負ってくる

7番目の神様も一所懸命走ろうとしますが、一番大きなリュックを背負っているので、ゆっくり一歩ずつしか進むことができません。だから、最後になってしまいます。

では、7番目の神様は、リュックの中に何を詰めているのでしょうか。

「金銀財宝」が入っています。**その家に行って、みんなを裕福にしてあげようと思うのだそうです**。このトイレの神様の名を「うすさま明王《みょうおう》」といいます（うすしま明王

とも呼びます）。

トイレに「うすさま明王さま、ありがとうございます」と書いておくと、いいことが起きるようです。また、この「うすさま明王さま」がやる気になる「トイレの真《しん》言《ごん》」があります。意味がわからなくてもいいので、この真言を唱えると、楽しい現象が起きるらしい。

その真言は、

「おんくろだのうちうんじゃくそわか」

といいます。純粋な心でなくてもかまいません。損得勘定でも結構です。

「おんくろだのううんじゃくそわか、おんくろだのううんじゃくそわか」

と唱えながらトイレ掃除をすると、入ってくるお金にも、「0」が余分につくようです。

台所、洗面所とお風呂、トイレの水まわりをキレイにすると、金銀財宝を持った神様を大事にすることができるので、「お金に困らなくなるらしい」というのが、私が守護霊さんから聞いた話です。

071

人生は、「自分が書いてきたシナリオ」どおり

「生まれながらにして人生のシナリオが決まっているらしい」と、私自身が導かれたいくつかの証拠があるのですが、「アナグラム」（文字の並べ替え）もそのひとつです。

たとえば、私の名前「こばやし・せいかん」は、音としては本名です。この8文字を並べ替えると「かんせいごはやし（完《かん》成《せい》後《ご》速《はや》し）」となります。私は、「完成したら、あとはひたすら速く走れ」と解釈しました。

「幸も不幸も存在しない。そう思う心があるだけ」といった新しい価値観が「完成」したら、「後ろを見ずに走れ」というメッセージとしてとらえたのです。

「氏名の中に、『使命』が隠されている」という事実に驚きましたが、それは、とりもなおさず、「生まれながらにして、人生のシナリオが決まっている」ということになるのではないでしょうか？

「私」が努力したり、頑張ったりすることで「使命」が決まるのではないようです。

「未来」は、はじめから決まっていて、そのとおりの出来事が起きるらしい。「どのような使命を背負って生まれるのか」も、「どのように死ぬのか」も「私」が決めてきたらしい。これが私の結論です。

よく、「私のアナグラムを見つけてください」と言われるのですが、興味本位でやっても見つかりません。

今「何かをやらされている」のなら、それらしい「文《ぶん》」が見つかるのですが、世のため、人のために貢献しておらず、自分の喜びや楽しみを追いかけている場合、あるいは、給料をもらうためだけに仕事に明け暮れている場合には、なかなか見つかりません。ただ、「氏名の中には、生まれながらの使命、役割があるらしい」ということだけはお伝えしておきます。

偶然につけられた名前は、ひとつもありません。私たちは、一人ひとりがその家と親を選び、生まれ、親に「私の名」をつけさせたのです。

私たちは、自分の意思で進む方向を決めていると思っていますが、選ぶ道は「生前に書いたシナリオどおり」らしいのです。

このような話をすると「じゃあ、どちらを選んでも同じ結果になるのか」と質問されます。答えは、ノー。

「右を選べば盛岡、左を選べば新潟」のように、２つの電車があれば、どちらを選ぶかによって、行き先は変わります。ただ、「どちらを選ぶか」という選択は、あらかじめ決まっているらしい。

まだ体験していない「未来」ではわかりにくいと思いますので、「過去」で考えてみます。過去の選択を考えてみると、ほとんど（あるいは、全部）が、「選択の余地がなかった」と言えるのではないでしょうか。

私自身の例で言えば、父親から「家業を継がないなら、出て行け」と言われたので、「わかった。出て行く」と家を出ました。

家を出た私は、アルバイトを探しましたが、日中は司法試験の勉強があったため、家にいてもできるアルバイトを探し、その結果、「旅に関する原稿を書く」ようになったのです。

やがて、出版社の編集長から、「原稿を書いてほしい」と言われるようになり、旅行作家として旅をするうちに、行く先々で「人相を見てほしい、人生相談に乗ってほしい」と頼まれました。

相談ごとは増えていきましたが、同じような相談内容が多かったため、私なりの答えをワープロで打って、コピーし、無料で配布するようにしたところ、そのコピーを本にしてくださる方があらわれた（坂本道雄《さかもとみちお》さんは、私の本を出すために、わざわざ専用の「弘園社《こうえんしゃ》」という出版社をつくってくださいました）。

そして、その本を読んだ方たちから「講演をしてほしい」「話を聞かせてほしい」と頼まれるようになったのです。

私は、ただ、流され、動かされてきたのです。少なくとも私、小林正観の人生は、こう言い切ることができます。

「私の人生に、選択肢はなかった。それしか選べなかったし、必ずそうなるようにな

っていた」

過去のすべてがそうであるなら、これからの「未来」も、おそらく、選択肢はないでしょう。すべて「そのようにしか、選べない」のです。どれほど慎重に考えて選んだところで、その選択の結果は「シナリオどおり」らしいのです。

みなさんが「この本」を読んだ結果、「今までと違う生き方をしよう」と決めたとします。さんざん怒鳴っていた人が怒鳴らなくなったら、まわりの人は「あの人は変わった」と思うでしょう。けれどそれも、シナリオどおりです。

その人に出会うようになっていた。

その話を聞くようになっていた。

偶然に「その人」に会ったり、その本に出合ったりしているわけではありません。

みなさんが、今、この本を読んでいるのも、すべて「自分が書いたシナリオどおり」。

どうも、人生は、そうなっているらしいのです。

おわりに

「鉱物」が10万回生まれ変わると「植物」に、「植物」が10万回生まれ変わると「動物」に、そして**「動物」が10万回生まれ変わると「雲《くも》」を経て「ヒト」になるようです。**その後、生まれ変わりの回数を重ねながら「感謝の心」に目覚め、やがて「人間」になると考えられます。

「ヒト」に生まれ変わって初期のころ、生まれ変わりが「3万回未満」では、人生を「つらい、悲しい、つまらない」ととらえます。

一般的には恵まれている状況、たとえば、両親が人格者で、経済的にも恵まれ、容姿もよく……という環境を与えられているにもかかわらず、それでも「不平不満、愚痴、泣き言、悪口、文句」だけで人生を終えるのが、この段階です。

政治家でありながら「私腹をこやしている人」や、社長でありながら「社員を怒鳴ってばかりの人」は、たとえ三次元的な成功者であったとしても、生まれ変わりの回数は「3万回未満」。「自分の努力だけでのし上がってきた」と思い違いをしたり、「世の中はつらいことばかりだ」と嘆き続けている人も、「3万回未満」のようです。

生まれ変わりが「3万回以上6万回未満」は、物事に対し「悲しい」とも「楽しい」とも思わないレベルであり、人生を「ゼロ状態」でとらえる段階です。そして「6万回以上9万回以下」になると、一度生まれ変わるたびに、幸せや喜びが増していくと考えられます。

●9万1回以上になると「感謝」という言葉に出合う

生まれ変わりの回数が「9万1回以上」になると、人生において「感謝」をする瞬間が少しずつ出てきます。

生涯で「感謝」という言葉に出合うのは、「9万1回以上」になってからです。「9万3千回」くらいになると、誰が見ても「恵まれている状況」に対しては「ありがとう」と感謝できるようになり、「9万6千回」くらいになると「目が見えること」「自分の足で歩けること」「食事ができること」など、誰が見ても「当たり前の状況」に対して「感謝」できるようになるようです。

そして、「目が見えないこと」「半身不随であること」「家族や自分が障害を抱えていること」など、誰が見ても「不幸な状況」にさえ「感謝」できる人は、生まれ変わりの回数が、「9万6千回~9万9千回」くらいまできてるようです。

1987年、ヨハネ・パウロ二世がロサンゼルスを訪問した際、ローマ法王を歓迎する集会の場で、ギターを奏でたシンガーソングライターがいました。彼の名前は、トニー・メレンデス。その演奏は見事なものでしたが、彼には、生まれたときから両腕がありません。彼は驚くことに、両足を使ってギターを弾いていたのです。

トニーは言います。

「僕には、なんでもできるように、足があるんだよ」

トニー・メレンデスは9万9千回以上生まれ変わっていると私は思います。

●足りないものを追い求めると、「神様」が味方をしてくれない

人間に与えられた「ひとつの権利」は、「感謝してもいい」という権利です。**「投げかけたものが返ってくる」のが宇宙の法則ですから、「感謝」をすればするだけ、その人は「感謝される人間」になっていきます**。もちろん、「神様」も味方についてくれるでしょう。

ですが、「神様を味方につけた」からといって、「今の状態をなんとかしてほしい」とか「あれもほしい、これもほしい」と「お願い」をしたとたん、「神様が味方をしてくれない」ことになってしまいます。

「神様」は、もうすでにたくさんの「恵み」を与えてくれています。

・「目が見えることに、感謝」
・「耳が聞こえることに、感謝」
・「自分の足で歩けることに、感謝」
・「食べられることに、感謝」

すべてが、「感謝」なんです。

「今の商売が気に入らない。もっと売上を伸ばしたい」と商売繁盛を願ったり、「もっとステキな人と出会いたい」と良縁祈願をしたり、「私も妻も、子どもたちも、家族みんなが病気になりませんように」と家内安全を願うことは、**「淡々と過ぎる日常」を与えてくださった神様に対して、「宣戦布告」をしているようなものです。**

●「頼んでくれる人」はありがたい存在である

本編でも書いたように、「よき仲間に囲まれて、喜ばれる存在になること」＝「人生のすべて」です。ですから、達成目標や努力目標は必要ありません。みんなからの「頼まれごと」をしていればいい。そして、たくさんの人にこき使われながら、疲れ果てて死んでいく。ただ、それだけです。

私たちが生きる目的は「人に喜ばれること」ですから、「自分に頼んでくれた人」は、感謝の対象になるでしょう。

しかも、目の前にいる友人が「何かを頼んできた」としたら、自分から「喜ばれること」を探しにいかなくてもいい。

そう考えると、「頼んでくれる人」はとてもありがたい存在です。「頼む側」からすれば、「その人に任せたい」と思って頼んでいるのであって、それは「感謝」を与えていることであり、喜ばれることなのです。

そして、**「頼まれごとをしてあげれば相手も喜ぶ」という、お互いに「よき仲間に囲まれて、喜ばれる存在」になれる**のです。

●「投げかけたもの」が返ってくる

では、「よき仲間に囲まれて、喜ばれる存在」になるために、私たちは何をすればいいのでしょうか。よき仲間に囲まれるためには、はじめに「自分から投げかけをすること」です。

私は、宇宙には「投げかけたものが返ってくる。投げかけないものは返らない」という法則があることに、48歳のときに気づきました。

イエス・キリストも「許す者は許される。許さないものは許されない。裁く者は裁かれる。裁かない者は裁かれない」と、弟子たちに説いています。

この法則は物理学の「作用・反作用」、仏教の「動・反動」と同じこと。つまり、

「愛すれば愛される」「愛さなければ愛されない」「感謝すれば感謝される」「感謝しなければ感謝されない」「嫌えば嫌われる」「嫌わなければ嫌われない」「憎めば憎まれる」「憎まなければ憎まれない」

ということになります。

「仲間になってほしい」と思う人を見つけたら、その人が笑顔になってくれるように、つまり、その人が「ありがとう」「嬉しい」と喜んでくれるように、自分から投げかけてみましょう。そうやって「喜ばれるように生きていく」ようにすると、やがて相

手からも「あなたのよき仲間になりたい」と思われるようになります。

「老子《ろうし》」の言葉に「聖人はため込むことなし、ことごとくもって人のためにして、己《おの》れいよいよ有《あり》し、ことごとくもって人に与えて、己れいよいよ多し」(『幸福を呼びよせる世界の名言』〔はまの出版〕)という一節があります。老子もまた「人に与えることで、自分自身も豊かになっていく」ということを悟っていたのでしょう。

●「ありがとう」と感謝をして「喜ばれる存在になる」こと

人は1人で生きていると「ヒト」ですが、喜ばれるように生きていくと、人と人の「間」で生きる「人間」に変わります。人の間で生きるということは、「自分が必要とされている」ということです。

「人間」の生きる目的は、ほしいものを得たり、何かを成し遂げることではなく、

・「人の間で喜ばれる存在になること」
・「『ありがとう』と言われる存在になること」

にほかなりません。発する言葉や表情など、その人のふるまいが「まわりを喜ばせるもの」になっていれば、投げかけた結果として、まわりの人があなたにとっての「よき仲間」になってくれるでしょう。

「しあわせ」の語源は「為《な》し合《あ》わせ」です。お互いにしてあげることが、「幸せ」の本質なのです。

努力をして、頑張って、必死になって、自分の力だけを頼りに生きていこうとする人のもとには、人は集まりません。

「孤独という状態」が続いてしまいます。

一方で、「自分の力なんてないんだ」と思っている人は、まわりに支えられて生きていることがわかっているので、「謙虚」です。

「謙虚」とは「感謝」すること。「感謝をする人（「ありがとう」を言う人）」のもとにはたくさんの人が集まってきて、「よき仲間」に囲まれます。

教え合い、学び合い、交歓し合う「よき仲間」に囲まれたなら、それだけで「天国度100％」。頑張りも努力もいりません。ただ、「喜ばれること」を続けていけばいいのです。

「思いを持たず」、よき仲間からの「頼まれごと」をただやって、どんな問題が起こっても、すべてに「ありがとう」と感謝する（受け入れる）こと。

「そ・わ・かの法則（掃除・笑い・感謝）」を生活の中で実践することであり、「ありがとう」を口に出して言い、逆に、「不平不満、愚痴、泣き言、悪口、文句」を言わないこと。

すると、神様が味方をしてくれて、すべての問題も出来事も、幸せに感じて「よき仲間に囲まれる」ことになり、「喜ばれる存在」になる。

これこそが「人生の目的」であり、「幸せの本質」なのです。

小林《こばやし》 正観《せいかん》

【謝辞】

最後に、「ベスト・メッセージ集」である本書『ありがとうの神様』の作成にご助力いただきました、（株）宝来社の小野寺大造さん、（株）弘園社の坂本道雄さん、（株）ぷれし～どの高島亮さん。クロロスの藤吉豊さん、斎藤充さん。そして、編集担当である（株）ダイヤモンド社の飯沼一洋さんには、大変、お世話になりました。この場を借りて、心よりお礼を申し上げます。

２０１５年２月

（株）ＳＫＰ　代表取締役　小林《こばやし》　久恵《ひさえ》

【参考文献】

・『幸福を呼びよせる世界の名言』（名言発掘研究会編／はまの出版）
・『不動心』（松井秀喜／新潮社）
・『生きること思うこと』（三浦綾子／主婦の友社）
・『100％幸せな1％の人々』（小林正観／KADOKAWA中経出版）
・『啼かなくていいホトトギス』（小林正観／KADOKAWA中経出版）
・『「ありがとう」のすごい秘密』（小林正観／KADOKAWA中経出版）
・『無敵の生きかた』（小林正観／廣済堂出版）
・『豊かな心で豊かな暮らし』（小林正観／廣済堂出版）
・『22世紀への伝言』（小林正観／廣済堂出版）
・『楽しい人生を生きる宇宙法則』（小林正観／講談社）
・『喜ばれる』（小林正観／講談社）
・『「人生を楽しむ」ための30法則』（小林正観／講談社）
・『この世の悩みがゼロになる』（小林正観／大和書房）
・『楽しく上手にお金とつきあう』（小林正観／大和書房）
・『悟りは3秒あればいい』（小林正観／大和書房）
・『ごえんの法則』（小林正観／大和書房）

・『「そ・わ・か」の法則』（小林正観／サンマーク出版）
・『「き・く・あ」の実践』（小林正観／サンマーク出版）
・『すべてを味方　すべてが味方』（小林正観／三笠書房）
・『宇宙を味方にする方程式』（小林正観／致知出版社）
・『宇宙を貫く幸せの法則』（小林正観／致知出版社）
・『宇宙が応援する生き方』（小林正観／致知出版社）
・『心に響いた珠玉のことば』（小林正観／ベストセラーズ）
・『日々の暮らしを楽にする』（小林正観／学習研究社）
・『運命好転十二条』（小林正観／五月書房）
・『神さまに好かれる話』（小林正観／五月書房）
・『心を軽くする言葉』（小林正観／イースト・プレス）
・『脱力のすすめ』（小林正観／イースト・プレス）
・『幸も不幸もないんですよ』（小林正観／マキノ出版）
・『笑顔で光って輝いて』（小林正観／実業之日本社）
・『宇宙方程式の研究』（小林正観／風雲舎）
・『釈迦の教えは「感謝」だった』（小林正観／風雲舎）
・『淡々と生きる』（小林正観／風雲舎）

【「再編集・加筆・修正」した文献】

※本書は、小林正観氏の著作である「未来の知恵」シリーズ（発行所：弘園社）、「笑顔と元気の玉手箱」シリーズ（宝来社）の下記の著作の一部を再編集して加筆・修正、また、『もうひとつの幸せ論』（ダイヤモンド社）の一部を再編集して加筆・修正を加えたものです。

「未来の智恵」シリーズ（販売元：SKP）

http://www.skp358.com
『波動の報告書』『こころの遊歩道』
『守護霊との対話』『こころの宝島』
『生きる大事・死ぬ大事』『幸せの宇宙構造』
『ただしい人からたのしい人へ』
『で、何が問題なんですか』
『宇宙が味方の見方道』『楽に楽しく生きる』
『宇宙を解説◆百言葉』『こころの花畑』
『魅力的な人々』『男と女はこんなにちがう』

「笑顔と元気の玉手箱」シリーズ（宝来社）

TEL　03-5950-6538　http://www.358.co.jp
『笑いつつやがて真顔のジョーク集』
『お金と仕事の宇宙構造』
『天才たちの共通項』『究極の損得勘定』
『究極の損得勘定 Part2』『心がなごむ秘密の話』
『知って楽しむ情報集』『神さまの見方は私の味方』
『UFO研究家との対話』

【著者紹介】
小林正観（こばやし　せいかん）
1948年、東京生まれ。作家。2011年10月逝去
学生時代から人間の潜在能力やESP現象、超常現象に興味を持ち、心学などの研究を行う。
講演は、年に約300回の依頼があり、全国を回る生活を続けていた。
著書に、『楽しい人生を生きる宇宙法則』『「人生を楽しむ」ための30法則』（以上、講談社）、『笑顔で光って輝いて』（実業之日本社）、『心に響いた珠玉のことば』（ベストセラーズ）、『宇宙を味方にする方程式』『宇宙を貫く幸せの法則』（以上、致知出版社）、『「そ・わ・か」の法則』『「き・く・あ」の実践』（以上、サンマーク出版）、『すべてを味方、すべてが味方』（三笠書房）、『釈迦の教えは「感謝」だった』『淡々と生きる』（以上、風雲舎）、『無敵の生きかた』『22世紀への伝言』（以上、廣済堂出版）、『この世の悩みがゼロになる』『悟りは３秒あればいい』（以上、大和書房）、『100%幸せな1%の人々』（KADOKAWA中経出版）、『もうひとつの幸せ論』（ダイヤモンド社）など、多数。

※小林正観さん関連の情報は下記へ。
（株）SKPホームページ　http://www.skp358.com
株式会社SKPは、小林正観さんの著書やCD（朗読・歌）をはじめ、小林正観さんが企画デザインした商品「うたしグッズ」の著作権管理・販売会社です。

ありがとうの神様

2015年2月13日　第1刷発行
2023年7月26日　第31刷発行

著　者――小林正観
発行所――ダイヤモンド社
〒150-8409　東京都渋谷区神宮前6-12-17
https://www.diamond.co.jp/
電話／03·5778·7233（編集）　03·5778·7240（販売）
装丁――――重原 隆
編集協力――藤吉 豊（クロロス）
本文デザイン・DTP――斎藤 充（クロロス）
製作進行――ダイヤモンド・グラフィック社
印刷――――勇進印刷（本文）・加藤文明社（カバー）
製本――――ブックアート
編集担当――飯沼一洋

©2015 Kobayashi Hisae

ISBN 978-4-478-06187-9

落丁・乱丁本はお手数ですが小社営業局宛にお送りください。送料小社負担にてお取替えいたします。但し、古書店で購入されたものについてはお取替えできません。
無断転載・複製を禁ず
Printed in Japan

◆ダイヤモンド社の本◆

シリーズ37万部突破！
小林正観さん「ベスト・メッセージ集」第2弾
神様・人・モノが味方になる70の習慣

小林正観さんが、40年間の研究で、いちばん伝えたかった「ベスト・メッセージ集」第２弾！　年間に約300回の講演の依頼があり、全国を回る生活を続けていた小林正観さん。その講演は、数カ月前から予約で満席となり、著書はすべてベストセラー&ロングセラーを記録。その、小林正観さんの、いちばんいいお話を集めた「ベスト・メッセージ集」第２弾がついに刊行!

ありがとうの奇跡《きせき》

小林正観［著］

●四六判並製●定価（本体1600円＋税）

http://www.diamond.co.jp/